회화적 언어를 찾아가다

KOREA CONTEMPORARY ARTIST

회화적 언어를 찾아가다
KOREA CONTEMPORARY ARTIST

초판 1쇄 인쇄 2022년 7월 11일
초판 1쇄 발행 2022년 7월 20일

지은이 김찬호

펴낸곳 인문과교양

주소 (02001) 서울시 중랑구 중랑천로 358-6

전화 02-3144-3740

팩스 031-655-3740

ⓒ2022, 김찬호
ISBN 979-11-85939-91-9 (03700)

회화적 언어를 찾아가다

KOREA CONTEMPORARY ARTIST

지은이 김찬호

SINCE
2013
인문과교양

프롤로그
prologue

산처럼 확고하게 자리를 차지한 사유contemplation는 안정적이긴 하지만 무너질 수 있다. 반면 하늘을 나는 새는 자유자재하며 경계를 뛰어넘는다. 짙은 안개가 내리고 있다. 이른 새벽 어슴푸레 종소리가 들려온다. 그 울림은 여운을 드리우며 안개 속에 휩싸인다. 레오나르도 다빈치Leonardo da Vinci는 제자에게 "저 소리를 들어라. 종은 하나지만 소리는 여러 가지로 들린다."라고 말했다.

글로벌시대의 핵심은 개방과 소통에 있다. 1989년 베를린장벽 붕괴, 1991년 소비에트연방 해체 이후 냉전의 시대는 물러나고 새로운 국제관계가 형성되었다. 1988년 서울올림픽과 1990년 국립현대미술관 개관은 한국 현대미술의 전환점이다. 1995년 광주비엔날레가 개최되었다. 당시 우리나라 미술계는 그룹 활동보다 개인의 활동이 다양하게 펼쳐지면서 세계 무대에서 활약하는 미술가들이 많아졌으며, 수많은 비엔날레와 아트페어가 열리고 있었다. 1990년대부터 한국미술에는 본격적으로 인종·젠더·도시유목민 등의 이슈

issue 및 이주와 노동의 문제가 혼재되어 드러났고, 확장성·국제성·다양성의 문제가 대두되었다.

한국 현대미술의 특징은 표현매체와 장르의 확장이다. 회화·조각·사진 등으로 나누어 설명하는 것은 큰 의미가 없다. 문자적 그림·한지화·모노톤의 경향·역동적 추상·생성적인 공간 창출·생태에 관심을 기울인다. 설치예술도 자연 친화·응축된 형식 언어를 통한 현실 반추·혼합매체를 통한 표현 영역의 확대 등 다양한 방법으로 연출되고 있다. 또한 회화뿐만 아니라 현대 과학과 예술과의 만남, 설치, 뉴미디어아트 등 디지털 매체 작업이 활발해졌고, 기존의 장르에서도 혼합 기법과 재료를 사용하면서 다양한 시도가 이뤄지고 있다.

미술의 세계는 자연에서 넘쳐나는 사물과 개념을 녹여 내는 감각의 세계다. 한국현대미술가Korea Contemporary Artist 박종걸, 박찬상, 유근택, 이완, 최우람

은 자신이 가지고 있는 지성적인 개념들을 녹여 깊이 있는 감각을 끌어올리고 있다.

　작가 박종걸은 전통산수가 가져오는 서정적 표현에 대한 관심보다 자연의 본질 속에서 풍겨 나오는 기운을 찾아가고 있다. 그는 형사形似적인 것보다는 그때의 느낌을 일기 쓰듯이 그렸다. 시각적, 청각적 요소들을 상상하며 산 아래에서 산 위로 올가가면서 느낀 정경의 심상을 그리고 있다. "앞으로의 나의 그림은 점·선·면으로 나올 것이다. 조금씩 스토리를 줄여 가고 싶다. 어느 선에선 아예 스토리가 없어질 것이다." 박종걸의 그림은 자연이 도구다. 이 도구들은 그의 삶을 밖으로 드러내는 중요한 형식들이다. 먹물을 묻혀 던지면 그림이 됐다. 일필에도 축적된 덩어리가 나온다. 그는 형상 너머의 또 다른 형상을 추구하고 있으며 지금까지 화폭 위에 자신을 담아내고 있다.

　작가 박찬상은 색色의 속성·물질의 속성·다양한 표현으로 재현보다는

상상력을 통해 현실의 모순과 부조리에 대한 비판적 시각을 담아낸다. 그는 고정된 형식에 머물지 않고 현실과 환영幻影의 미학적 경계를 기호와 상징으로 표현하면서 미래 지향적 담론을 드러낸다. 평론가 장석용과 장 루이 푸아트뱅의 말을 통해서 알 수 있듯이 박찬상은 의식의 흐름을 패턴화하는 독특한 사고와 표현 방식, 섬세한 조응력으로 인간의 비밀을 천착하려는 끈질긴 시도를 보여 주고 있다. 그의 작품세계는 깊은 어둠 속으로 침잠해 들어가면서도 생명의 끈을 놓지 않고 있다. 그래서 박찬상의 작업은 복잡하게 얽혀 있는 세상을 향해 외친다. 살아 있음, 살아야 하는 생명성을 노래하는 것이다. 박찬상의 그림의 깊이는 바깥을 향하는 시선이 아니고 사물들 틈에서 탄생한다. 박찬상의 작품 행위는 만들어진 이미지가 아니라 이미지를 구성하는 행위와 이미지를 만드는 과정 그 자체다. 그래서 그의 그림 속 기호와 상징은 결과에 있는 것이 아니라 바로 생성becoming에 있다. 다시 말해 박찬상의 작품은 과정과 인식의 흐름에 있으며, 그의 그림 공간은 현실과 환영의 경계에 놓여 있다.

작가 유근택은 화면의 밀도감을 안으로 숨기면서 대비를 통해 내면화하고 있으며, 일상의 서정적인 언어를 서사적으로 풀어내고 있다. 유근택이 추구하는 예술세계는 일상성이나 일상적 대상이 가지고 있는 그 본질적 자체에 주목한다. 미술평론가 오광수는 1992년 「7월 공간, 신진작가 추천의 글」에서 유근택에 대해 내재적 힘과 리듬으로 기존의 풍조와 다른 새로운 변화를 만들어 가고 있다고 평했다. 평론가 미네무라 도시아키峯村敏明는 유근택의 작품에서 느껴지는 평범함이 발을 멈추게 했다고 평했다. 유근택은 '일상'의 단면을 끄집어내어 그림을 통해 현재 우리의 삶의 단면을 들춰내고 있다. 먹과 화선지가 화폭에 스며드는 시간성과 깊이감으로 공간을 지배하고 있으며, 끊임없는 실험을 통해 자신만의 회화적 언어를 만들어 내고 있다.

작가 이완은 세상과 연결되는 시각적 통로로 다양한 사물들의 평등한 관계를 섬세하게 드러내는 개념 작업을 이어 오고 있다. 최소한의 표현을 통해 작가의 개입을 절제하는 예술 형식을 보여 준다. 〈고유시Proper Time〉는 한 인

물을 증인 삼아 그가 역사를 어떻게 관통해 왔는지 보여 주고 있다. 이냐시오 카브레로Ignacio Cabrero는 개인의 기억을 간직한 물건이 개인의 이야기를 넘어서 한 나라의 역사가 되도록 구성하고, 하나의 작품을 통해 여러 맥락을 상상하도록 만든 이완의 능력이 놀랍다고 했다. 2017년 베니스비엔날레 한국관 예술감독 이대형은 「COUNTER BALANCE」에서 소수의 의견을 경청하지 못하는 다수, 약소국의 이민자를 포용하지 못하는 강대국의 신고립주의 등 작은 것과 큰 것 사이의 함수관계 속에서 '인간'에 대한 배려가 빠져 버린 21세기의 폭력성을 역설적으로 지적하고자 했다고 말했다. 〈메이드인〉 시리즈와 〈고유시〉, 〈무의미한 것에 대한 성실한 태도〉 등을 통해 알 수 있듯이 이완은 동시대를 살아가면서 겪게 되는 갈등과 사회적 문제에 관심이 많다. 획일화되고 몰개성화된 사회의 구조 속에서 인간의 주체성을 찾고 우리가 보지 못했던 차이difference를 발견하며 예리한 시선으로 추적해 들어간다. 열린 사유로 균형balance을 찾기 위한 끊임없는 여정을 지금도 이어 가고 있다.

　작가 최우람은 물결의 흐름·바람에 흔들리는 풀·밝음과 어둠 등 자연의 흐름을 관찰한다. 그는 고착화되고 관성화된 고정된 틀을 깨고 탈층화를 시도하고 있다. 현대사회에서 과학기술은 인간 생활과 따로 떼어 놓고 생각할 수 없다. 생명복제·유전자조작·핵기술·인터넷 바이러스와 해킹·에너지 기술 등 과학기술이 사회문제를 일으키고 인류사회의 전망을 어둡게 한다. 최우람은 존재하지 않는 미지의 생명체를 창조하는 풍부한 상상력과 프로그램 기술 등을 바탕으로 예술과 기술을 융합하여, 낯선 기계생명체anima-machine를 통해 따뜻한 감성을 전하고 있다. 최우람은 국내외 수많은 전시에서 생물학적 학명이 붙은 작품을 선보여 도시의 에너지를 흡수하고 반응하면서 관객의 시각을 자극한다. 최우람의 작업에는 생성과 소멸이 함께한다. 그는 "활짝 핀 꽃은 그 안에 죽음이 있기 때문에 아름다운 것이다. 사람들은 조화보다 생화를 좋아한다. 시간이 지나면 소멸하고 사라질 것을 알지만, 유한하기 때문에 사라질 것을 알면서도 생명을 가진 존재에 더 마음이 가는 것이다."라고 했다. 최우람은 보이는 것과 보이지 않는 것의 경계를 작품에 드러내고 있

으며 기계, 인간, 생명으로의 순환과 사유의 확장을 이끌어 내고 있다.

　예술의 힘은 어떻게 드러날까? 그림은 형상으로 드러나고, 그 형상에는 하나의 기호가 숨겨져 있기 때문에 드러남과 숨김 사이의 틈을 예술가는 읽어 내고 우리들에게 보여 준다. "사막이 아름다운 것은 어딘가에 샘을 감추고 있기 때문이다." 작가는 일상의 모습에서 남들이 외면하거나 발견하지 못한 샘을 찾아 발길을 옮긴다.

　끝으로 박종걸, 박찬상, 유근택, 이완, 최우람 작가님에게 고맙다는 인사를 올린다. 또한 이 책을 쓸 수 있도록 인연을 만들어 준 인문과교양 박성원 대표님, 그리고 편집진의 노고에 감사드린다.

2022년 7월

수묵헌守黙軒에서 김찬호

목차
contents

Korea
Contemporary
Artist

생의
노래

박종걸

Korea
Contemporary
Artist

박종걸

Park Jong Geol, 1962~

진도에서 태어나 광주 대동고등학교 졸업 후 경원대학교 미술대학에서 한국화를 전공하고 동 대학원에서 「추사의 서화론에 관한 고찰」로 석사학위를 받았다. 제1회 개인전(서울, 서경갤러리, 1997), 제2회 개인전(서울, 관훈갤러리, 2003), 제3회 개인전(서울, 공평아트센터, 2006), 제4회 개인전(서울, 소피아갤러리, 2010)이 열렸다. 프로젝트 2006 한국화전, 한국 구상회전, 묵전회전, 남한산성전, 한국화의 현대적 해석 이미지 표출전, 현대한국화의 정신전, 한국화의 오늘전, 2009 경기의 사계: 아름다운 산하전, 진경정신전, 2018 전남 국제 수묵비엔날레전, 2019 서울의 미술계는 안녕한가 피카디리 국제미술관 특별기획초대展, 2019 '산길을 걷다' 갤러리 808(성남아트센터), 2020 반얀트리BanyanTree전, 2021 박종걸-21세기의 진경산수화(한국미술응원프로젝트 시즌 7) 등에 참여했다. 현재 그의 작품은 국립현대미술관, 해강에프앤에이(주), 대경모방(주), 진도옥산미술관 등이 소장하고 있다.

엄매, 냅둬…….

어젯밤부터 밤새워 하고야리에 눈이 내리고 있다. 마을 앞 어귀 장승의 콧잔등과 머리에도 모자를 누른 듯 하얀 눈이 수북이 쌓여 있다. 하늘에는 새한 마리가 길을 잃고 헤매는 사이로 흰 화선지가 눈앞에 펼쳐져 있다. 시커멓게 세월이 묻은 그을음이 가득한 부엌에서 부지깽이를 들고 나와 그림을 그리기 시작했다. 얼마나 지났을까. 손이 떨리고, 발이 시리다. 멀리서 추운데 들어오라는 소리가 차가운 바람과 함께 스치듯 들려온다. "엄매, 냅둬……." 이내 쌓인 눈이 아침 햇살을 받으며 그려 놓은 형상이 하나둘 녹아들고 있다.

그림이란 무엇일까? 왜 그림을 그리고 감상할까? 모든 종류의 그림을 관통하는 힘은 어디에서 오는가? 그렇다. 조희룡은 "내 그림은 손끝에서 나온다."라고 했다. 작가의 손끝을 움직이는 것은 무엇일까? 그것은 바로 사유思惟다. 손끝을 움직여 화면에 작가의 생각을 담는다.

박종걸, 〈엄매와 나〉, 30대   박종걸의 붓

젊어서는 욕망이 있었지만, 지금은 하나하나 제거해 가면서 근원 처를 찾아가고 있는지도 모른다. 그림 그리다 죽으면 되는 것이지 하고 작업하고 있다. 버티고 버티다 보니 지금까지 왔다. 그래, 나머 지는 어떻게 살아가겠지? 살아지겠지! 그런 걱정도 놓고 가는 대로 가고 있다. 엄매, 죄송합니다…….[1]

조부祖父 때 진도 지산면 고야리에 정착했다. 박종걸에게 고향 하면 떠오 르는 인상이 장승, 열녀문, 동백꽃, 백일홍이다. 아버지는 초등학교 입학 전 2남 2녀를 놓고 돌아가셨다.

다섯 살 때 할아버지가 돌아가시고, 아버지마저 아프고 우환이 겹 쳐 가세가 기울었다. 허름하고 오래된 초가집으로 이사를 갔다. 어

머니의 삶은 한 편의 드라마다. 어찌 보면 내 그림 속에는 어머니가 있다. 눈에 드러나 보이지 않지만 버티고 살아온 일상이 그림 속에 담겨 있다. 시골에서 어머니는 농사를 지으며 2남 2녀를 키웠다. 대학을 졸업하고 서른 살 즈음 어머니는 서울에 올라왔다. 서울 생활 30년 동안 어머니는 아파트 청소, 일용직 등 자식을 위해 힘든 일을 마다하지 않았다. 어머니가 아파트 청소 다닐 때 쓰던 빗자루가 열 자루 정도 남아 있다. 그 열 자루의 빗자루를 붓으로 만들었다. 어머니의 삶의 흔적이자 희로애락喜怒哀樂이 묻어난 빗자루다. 역설적이게도 어머니 하면 아무 생각도 나지 않는다. 어머니는 외부 대상이 아니라 바로 내 삶과 일체화되어 있기 때문일 것이다. 단순히 그리움, 사랑, 이런 말로 형용할 수 없는 그 무엇이 있다. 그것이 뭔지는 모른다……[2]

작가 박종걸의 〈엄매와 나〉는 30대 후반의 작품이다. 작품 속 어머니는 환갑 기념으로 가족이 선물한 밍크코트를 입고 있다. 진도 고야리 앞에 삼당리가 있고, 주변이 산으로 둘러싸여 있다. 그 모습이 내면에 각인되어 있다. 작가는 먼 산을 응시한다.

고야리 산 위에서 아래에 펼쳐진 정경, 높은 잔등에서 자전거를 타고 다니다 스쳐 지나듯 만나는 소나무 옆으로 펼쳐진 황토밭, 길가의 열녀문과 장승, 오래된 백일홍 나무가 파노라마처럼 펼쳐져 있다. 향토성, 토속성, 주술성이 유년 시절의 내면의 뿌리다. 상엿소리가 들리고 상여가 지나가는 모습이 주마등처럼 귓전을 울리며 감각을 깨

박종걸, 〈장승〉, 30대, 한지에 먹, 73×142cm

운다. 내 그림 속에는 그런 진도의 서정이 담겨 있다. 내 어두운 그림
속에 살아 있는 기운이 솟아 나옴을 느낀다. 그런 주술적인 신명을
표현하고 싶었다.[3]

예술은 고향을 그리워하는 사람들의 노래다. 고향에 대한 그리움은 예술
가의 영원한 주제다. 고향은 마음의 안식처요, 우리는 길 위에 있는 나그네
다. 그래서 늘 안식처를 찾고 그리워한다. 박종걸은 어렸을 때 당골래, 무당
등 무속 신앙이 생활 속에 있었다. 중학교 때 선생님의 권유로 불교학생회 활
동을 하면서 절에 다니기도 했다. 고등학교 때는 몇몇 종교에도 관심을 갖게
되었고 영원성에 대해 생각했다.

고등학교 2학년 때 삶과 죽음에 대해 고민했고 스님이 되겠다고
생각하다가 욕망 때문에 포기했다. 그림 자체가 살아가는 욕망이다.

박종걸, 〈나무둥치〉, 30대, 한지에 채색, 156×196cm

지금도 무슨 다른 것이 없다. 그림밖에 없으니까. 그림을 그리고 있
다. 뭐가 뭔지 모르지만 그렇게 살아왔고 흘러갈 것이다. 상대와 경
쟁하는 것이 싫었고 그냥 그림만 생각했다.⁴

광주에서 고등학교를 다닐 때 한 달에 한두 번 반찬이며 쌀을 가지러 가기
위해서 광주에서 버스를 타고 해남에 도착해 진도행 배를 타고 다녔다. 그렇
게 3년 동안 다니면서 월출산이 눈에 들어왔다. 고등학교 다닐 때는 오다가
다 보면 월출산이 시시각각 변하는 모습을 봤다. 안개, 비온 뒤의 월출산 정
경이 그의 마음 깊숙이 자리했다. 대학 졸업작품으로 월출산을 수묵으로 그
렸다.

박종걸은 고등학교 2학년 때 어머니에게 그림을 그리겠다고 말했다. 그림

박종걸, 〈북한산〉, 1997, 한지에 먹, 125×570cm

에 관심을 갖게 된 것은 어린 시절 고모부인 옥전 강지주의 영향이기도 하다. 옥전은 의재 허백련의 문하인 옥산 김옥진에게 배웠다. 지금 진도 운림산방에는 강지주미술관이 마련되어 상설 전시되고 있다. 박종걸은 고모부 집에서 대학 4년 동안 있었다.

박종걸은 대학 시절 고흐의 글과 그림을 탐독했다. 그림이란 무엇인가? 분명한 의지를 표현하는 것이다. 분명한 의지는 어디서 나오는가? 그것은 끊임없이 쌓아 가는 데 있다.

그림이란 무엇인가? 어떻게 해야 그림을 잘 그릴 수 있을까? 그건 우리가 느끼는 것과 우리가 할 수 있는 것 사이에 서 있는, 보이지 않는 철벽을 뚫는 것과 같다. 아무리 두드려도 부서지지 않는 그 벽을 어떻게 통과할 수 있을까? 내 생각에는 인내심을 갖고 삽질을 해서 그 벽 밑을 파내는 수밖에 없는 것 같다. 그럴 때 규칙이 없다면

그런 힘든 일을 어떻게 흔들림 없이 계속해 나갈 수 있겠는가? 예술 뿐만 아니라 다른 일도 마찬가지다. 위대한 일은 분명한 의지를 갖고 있을 때 이룰 수 있다. 결코 우연으로 되는 것이 아니다.

– 고흐가 테오에게 보낸 편지, 1882년 10월 22일[5]

나무는 그 고유한 실체와 형태로 신앙심을 불러일으킨다. 나무 자체가 아니라 나무를 통해 드러내는 것, 나무가 함축하고 있는 의미가 경외敬畏의 대상이다. 나무는 수직으로 자라고 수없이 죽고 부활한다. 그래서 나무는 아주 옛날부터 삶을 가리키는 기호로, 세계를 가리키는 상징으로 표현되어 왔다. 한 송이 꽃도 줄기와 꽃잎이 하나의 뿌리에 의지해 있다. 줄기와 꽃의 근원이 뿌리이다. 존재하는 모든 것은 하나의 생명체다. 하늘에는 먹구름이 휩싸고 있었고, 해풍과 진눈깨비에 소나무가 흠뻑 젖었다. 작가는 소나무의 젖은 등치에서 묵직한 덩어리를 발견한다. 순간 구름이 걷히고 햇볕이 드러나고 있다.

생의 노래

박종걸, 〈장승 1~4〉, 30대

박종걸의 작업은 생경함에서 출발한다. 기법을 충분히 익히면 다시 생경으로 돌아가야 한다. 이 것이 바로 익숙함 너머 생경이다. 박종걸은 익숙함을 너머 생경으로 나아감을 추구한다. 동기창 董其昌(1555~1636)은 "그림은 익숙하게 된 뒤에는 생경해져야 한다畵須熟後生."라고 했고, "그림은 익숙함 너머의 익숙함에 있다畵須熟外熟."라고 말한다. 그의 익숙함 너머의 익숙함은 익숙함 너머의 생경함이다.

조르주 루오Georges-Henri Rouault(1871~1958)는 프랑스 화가다. 가난하고 학대받는 자들에 대한 공감, 부자나 권력자를 향한 그의 분노는 깊은 종교적인 감정에서 유래한다. 루오의 신앙과 예술관은 단도직입單刀直入이다. 그는 검고 굵은 선을 즐겨 썼고, 그것이 색채와 어울려 깊이를 느끼게 한다. 박종걸은 어렸을 때 진도에서 보았던 소나무의 둥치를 루오 그림에서 발견한 것이다. 30대의 작품은 구체적인 물상에 대한 깊이 있는 탐구에 있다. 그는 겸재 정선, 조르주 루오, 이중섭 등의 작품에 관심을 가졌다. 30대 그의 작품에는 그런 흔적이 남아 있다.

박종걸의 30대는 죽음, 절망감, 미래에 대한 불

확실성으로 고민한 시기다. 그는 영화 「기생충」의 배경이 되었던 지하 방을 연상하는 곳에서 작업하면서 10여 년을 보냈다. 그곳에서 산수화와 함께 〈나무〉 연작, 〈장승〉 연작, 〈인물〉 연작, 〈죽은 새〉 연작, 〈소〉 연작, 〈북어〉 연작 등을 작업했다.

박종걸, 〈장승 5〉, 30대, 한지에 먹, 126×65cm

박종걸의 〈나무둥치〉 연작은 생명의 노래로, 그의 그림의 핵심적 요소를 보여 준다. 그는 근질近質을 통해 자연의 섭리를 이해하고 그 속에서 묵직한 덩어리를 발견해 낸다. 그는 "비가 오면 나무둥치는 물을 먹어서 시커멓게 보인다. 나는 그 속에서 생동감을 느꼈다. 수묵水墨의 묵직한 힘이 느껴진다. 기운이라는 것은 보이지는 않지만 느낌이 와야 한다. 설명할 수 없지만 한때 나무둥치에 대한 탐구는 학부 때 시작해서 대학원 때까지 연결되었다."[6]라고 말했다. 작가는 어릴 적 보았던 해풍 맞은 소나무의 젖은 나무둥치와 소나무 그림에서 영감을 받았다. 생을 다한 나무둥치가 바닥에 쓰러져 있다. 작가는 그 속에서 생의 의미를 발견한다. 말라비틀어진 나무둥치에도 생명의 이치가 숨겨져 있다. 느릿느릿 해가 저물어 가고 있다. 가을바람이 불고 세월이 조락凋落한다. 나무를 태우면 사라지지만 태워진 나무로 인해 생명이 탄생한다.

북송대 화가 곽희郭熙는 산수의 정수를 체득하기 위해 실제로 현장을

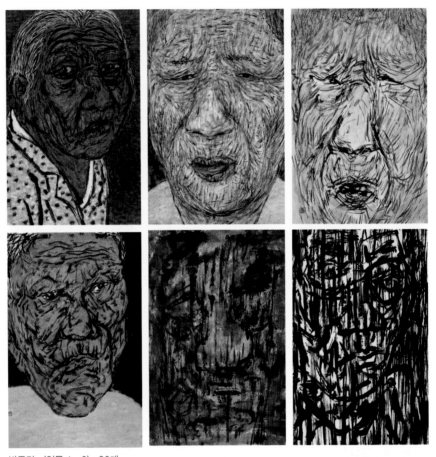

박종걸, 〈인물 1~6〉, 30대

답사하고 면밀히 관찰해야 한다고 주장했다. 이와 같은 방식은 종병宗炳 (375~443)이 주장한 "눈으로 보고 마음으로 깨닫는 이치應目會心爲理"이다. 근간近看과 원망遠望이라는 방식을 통해 곽희가 산수화에서 취하고자 하는 것은 무엇인가? 그것은 "실재 산수의 시내와 골짜기는 멀리 바라보아 그 형세를 취하고, 가까이서 보아 그 바탕을 취한다眞山水之川谷 远望之以取其势, 近看之以取其质."[7]라고 한 구절에서 분명하게 나타난다. 이 말의 요점은 "멀리에서

박종걸, 〈인물 7〉, 30대, 한지에 먹, 137.5×69.5cm

그 세를 취하고, 가까이에서 그 질을 취한다 遠取其勢 近取其質."라는 것이다.

〈장승〉 연작은 어렸을 때 기억 한편에 깊게 자리하고 있던 장승을 그린 것이다. "어렸을 때 묘 옆에 서 있던 장승의 인상이 강렬해서였다. 어릴 적 느꼈던 진도 고향의 한恨, 장승의 갈라진 느낌이 좋았고 그런 것을 표현하고 싶었다."[8] 그는 장승을 그리면서 진도 고향 사람들의 모습들을 담아내고 있다. 〈장승〉 연작과 〈인물〉 연작을 보면 묘하게 오버랩되어 나타난다.

루오, 이중섭의 그림을 모사摹寫했다. 인물의 큰 덩어리를 생각하면서 그렸다. 동네 어른들의 얼굴이 떠오른다. 엄마, 아주머니에 대한 잔상들이 있다. 장승에는 풍자諷刺, 해학諧謔, 한恨이 내재되어 있다. 장승의 모습에서 희로애락을 느낄 수 있었다.[9]

장승을 통해 인간의 내면을 유추해 볼 수 있었고, 작가의 현실감과 오버랩 되기도 했다. 그래서 장승은 작가 자신을 투영하는 매개가 되었을 것이다. 〈장승〉 연작과 〈인물〉 연작을 보면 알 수 있다.

〈인물〉 연작에서 보여 주는 주름은 내재된 리듬을 드러낸다. 천년에 걸쳐 단단한 돌에 주름이 생긴다. 돌의 주름은 물과 밀접한 관계가 있고, 사람의 주름은 인생과 밀접한 관계가 있다. 단단한 바위에 주름이 있다는 것은 곧 물의 부드러움 속에 뼈가 있다는 것이다. 소식은 "돌은 무늬가 있지만 못생겼다."라고 했다. 추醜는 기이하고 독특한 자기만의 개성을 의미한다. 그 단단한 주름진 돌이 수석가를 만나면 작품이 되듯, 인물의 대상이 화가를 만나 작품이 되었다.

박종걸은 〈인물〉 연작에 대해 "어떤 특정한 인물을 대상으로 그린 것이 아

박종걸, 〈소〉, 30대,
한지에 먹, 68×69cm

니라 삶의 애환과 연륜이 묻어나 있는 모습을 생각하면서 그렸다."[10]라고 말했다. 〈인물〉 연작은 당시 치열했던 내적 고민이 투영된 작품이다. 그는 〈인물〉 시리즈를 통해 생로병사의 문제를 진지하게 고민한다. 세파에 찢긴 듯 거친 얼굴에서 삶의 역정과 진한 정감이 묻어난다.

〈소〉 연작을 하게 된 배경에 대해서는 "어렸을 적 소 눈망울에서 나를 보기도 했다. 저절로 소를 그리면서 마음이 순화됨을 느꼈다. 소는 남에게 해를 끼치지 않고 인간을 위해 희생만 하다 가는 것이다. 그런 소의 순박함을 담아 보고 싶었다."[11]라고 말한다. 그는 그렇게 〈나무둥치〉, 〈장승〉, 〈소〉, 〈죽은 새〉, 〈명태〉 연작을 수없이 그렸다.

우연히 길을 지나다가 죽은 비둘기를 발견했다. 죽어 있는 새는 시

박종걸, 〈죽은 새 1～6〉, 30대

간이 갈수록 바짝 말라 박제가 되어 가고 있었다. 죽은 새의 생태를 파악하고 그 과정을 신문지와 화선지 등에 섬세하게 스케치를 했다. 새의 단순한 형태의 문제가 아니었다. 새를 통해 내가 말하려고 하는 것이 무엇인지는 잘 모른다. 지금도 내 머릿속에는 그 새가 살아 있는 듯하다. 죽은 새를 그린 것이 아니라 그때 복잡한 내 심정을 그린 것이다. 그 후 산수를 할 때도 장승, 나무둥치, 죽은 새를 신문지에 그리던 것들이 준법이나 화법에 영향을 끼치고 있다. 30대는 내게 가

박종걸, 〈죽은 새 7〉,
30대, 한지에 먹

장 힘든 시기였다. 그때 죽은 새를 만났고, 죽은 새를 1년 정도 집착
해서 그렸다. 하루에도 수십 장을 그렸고 지금도 남아 있다.[12]

　박종걸의 작업은 자유로움에 있다. 그는 어떤 붓, 어떤 종이 등 재료에 구애
받지 않는다. 그에게 그림은 어렸을 때 시골에서 보았던 굿하는 모습과 같다.
자기 안에 있는 신명이고, 정화淨化의 과정으로 지금의 작품이 나오게 된 것이
다. 그는 대학원을 졸업한 후 〈죽은 새〉 작업을 했다. 죽어 있는 새에게서 더
많은 이야기를 끄집어낼 수 있었으며 죽어 있는 새를 보면서 묵언의 이야기를
느꼈다. 이 시기는 죽음, 절망감, 미래에 대한 불확실성으로 고민했다. 30대 박
종걸은 이루고 싶은 욕망과 함께 사회적 병폐와 울분이 함께하고 있었다.

　처음 그림 그릴 때는 맹목적으로 그림이 전부라고 생각하고 시작
했다. 하면 할수록 그림에 대한 갈등이 생겼다. 〈죽은 새〉 연작과 〈장

박종걸, 〈북어〉, 30대,
한지에 채색, 69.5×85cm

승〉 연작에서 엿볼 수 있다. 의도해서 그린 적이 없다. 지금의 나를 말
하는 것이다. 그 시대를 그리다 보니까 그렇게 표현되어 있다. 전시한
적이 없다. 내 그림은 누구에게 보여 주기 위한 그림이 아니다. 그때
내 심정을 그린 것이다. 마치 일기를 쓰는 것과 같다.[13]

　시인 최승호의 「북어」라는 시가 있다. 딱딱해져 버린 북어의 속성을 통해
희망 없이 굴종하며 살아가는 무기력한 현대인들에 대한 비판과 성찰이 담겨
있다.

　　밤의 식료품 가게
　　케케묵은 먼지 속에
　　죽어서 하루 더 손때 묻고
　　터무니없이 하루 더 기다리는
　　북어들,
　　북어들의 일 개 분대가

박종걸, 〈인왕산 뒤쪽〉, 1997, 한지에 먹, 69×137cm

나란히 꼬챙이에 꿰어져 있었다.

……

북어들이 커다랗게 입을 벌리고

거 봐, 너도 북어지 너도 북어지 너도 북어지

귀가 먹먹하도록 부르짖고 있었다.[14]

박종걸의 〈북어〉 연작을 보면, 북어처럼 딱딱해져 버린 사회에 굴종하는 자신을 발견하고 외치고 있다. 나도 북어야, 너도 북어지, 너도 북어지……. 박종걸의 작업은 단순히 표현하기 위해 그린 것이 아니다. 그때 자신의 심정을 그린 것이다. 예술가에게는 그려야 하는 욕망이 에너지다. 그것을 꾸미면 에너지가 사라진다.

조요한은 『예술을 사랑하는 마음』에서 "예술의 아름다움은 예술작품의 대상적인 구조나 기교에 있지 않으며, 작품을 사이에 둔 두 사람의 마음, 즉 작가와 감상자의 미의식 없이는 성립되지 않는다. 그렇기 때문에 대상으로서의 아름다움도 중요하지만, 작가와 감상자의 아름다움의 의식도 그에 못지않게 중요하다."[15]라고 했다. 이렇듯 예술가, 작품, 감상자는 서로의 관심과 노력을 통해 작품을 읽어 낼 수 있다. 시대와 사회가 직면하고 있는 다양한 문제점들을 작가는 예술작품을 매개로 해결한다.

기운氣韻, 생명의 힘

박종걸은 고등학교 시절 크게 다가왔던 월출산의 단순하면서 묵직한 덩어리에서 알 수 없는 기운을 느꼈다. 그후 그는 계속 산을 찾았고, 그림을 그렸다. 당대唐代 장언원張彦遠(815~879)은 "요즘 그림은 대상의 모양만 그럴듯하게 닮게 그리지만 기운이 살아나게 하지는 못한다. 그림에 기운이 있으면 모양의 유사성은 저절로 그 속에 녹아든다."라고 했다. 장언원이 말한 기운은 바로 생명력이다. 기운생동은 기교 이외의 것, 즉 그림을 그리는 사람의 정신이나 개성을 드러내는 것이다. 먹으로만 그림을 그리더라도 그 속에 기운이 살아 있으면 대상의 생명력은 화폭 안에 고스란히 구현된다.

자연은 우리가 살아가는 모습과 비슷하게 나온다. 전통한옥의 선線을 보면 우리의 산과 닮아 있다는 점을 느꼈다. 그런 자연의 선에 관심이 많았다. 특히 북한산을 그리면서 산사山寺 기와집의 물에 먹어 더욱 검어진 기와의 느낌과 산이 닮아 있음을 느꼈다. 산수 모양도 그런 느낌이다. 비가 오고 기와의 검은 느낌이 나무등치와 같은

박종걸, 〈북한산 1〉, 1995, 72×140cm

박종걸, 〈북한산 2〉, 1997, 106×173cm

박종걸, 〈북한산 3〉, 1997, 69×137cm

힘을 느꼈다. 나무둥치와 비 오는 날 기와에서 느끼는 검은 느낌이
살아 있는 생명감으로 다가왔다.[16]

작가는 나무둥치와 비 오는 날 비에 젖은 기와에서 살아 있는 기운을 느꼈
다. 1997년 첫 번째 개인전이 서경갤러리에서 열렸다. 첫 번째 개인전은 계속
산을 다니면서 느낀 정경을 그렸다.

구체적인 산의 형상을 그린 것이 아니라 산의 느낌만을 그린 것이
다. 산에 다니면서 계곡의 모습과 흐르는 물소리가 좋아 스케치를
한다. 흐르는 물소리를 담아내고 싶었다. 산에 다니다 비가 많이 오
면 전에 없었던 폭포를 만나게 되고, 산속 바위에서 넘쳐 흐르는 물
줄기 힘찬 소리를 화면에 담아 보고 싶은 충동을 느꼈다.[17]

박종걸의 그림은 기존의 전통 산수화와는 다르다. 그는 전통의 준법이나
기법을 떠나 그가 보았고 느꼈던 나무둥치의 묵직한 힘, 물에 젖은 검은 기와,
비바람에 씻긴 장승, 죽은 새, 평범한 일상을 살아가는 인물 등을 강한 필선
으로 자신만의 화법으로 담아내고 있다. 그는 전통 산수가 가져오는 서정적
표현에 관심을 갖기보다 자연의 본질 속에서 풍겨 나오는 알 수 없는 기운을
찾고자 했다. 그는 작품 속에 자연을 직관하는 시각으로 살아 있는 듯한 기
운, 생동감을 불어넣고 있으며, 구체적인 형상보다 심상을 표현하고 있다.

〈북한산 1〉, 〈북한산 2〉, 〈북한산 3〉은 구파발에서 바라본 북한산의 정경
을 담은 작품이다. 그는 채색 작품을 여러 장을 그린 후 대상을 압축하여
〈북한산 2〉를 그렸다. 〈북한산 2〉는 북한산의 기운을 담고 있다. 〈북한산 3〉

박종걸, 〈계곡〉, 1995,
한지에 먹, 74×71cm

은 북한산 정경이 익숙해지면 일필로 초서를 쓰듯 획을 그어, 필선이 화선지에 부딪히면 계곡을 만들고 바위를 만들고 작가가 세운 심상이 화면에 펼쳐진다. 세잔은 수년간 생트 빅투와르 산의 단순한 이미지를 반복적으로 그렸다. 단순히 형상을 닮게 그린 것이 아니라 자신이 보는 산, 자신이 느낀 산을 그린 것이다.

〈계곡〉(1995)은 북한산 계곡을 그린 것이다. 이 작품은 산을 다니면서 뜻밖에 만난 자연의 청각적 이미지를 표현하고 있다.

계곡의 물소리를 들어 보면 말로 표현하기는 어렵다. 생동감에서 느껴지는 계곡은 사람으로 말하면 핏줄과 같다. 자연의 핏줄이라는 생각을 했다. 내려오면서 엉켜졌다가 풀어지고 다시 휘돌아 감기는 모습에서 말할 수 없는 형용을 느꼈다. 앉아서 계곡의 표정을 보고 있으면 돌고 돌아가 휘돌아 감기는 미묘한 흐름이 있다. 수량이 많을 때도 재미가 있고, 수량이 미미해도 재미가 있다. 사람 사는 것도 이와 같다는 생각을 해 본다. 진정한 추상은 구상의 극단, 기의 발산이라고 할 수 있다. 바람, 소리 등 추상같은 기운을 그려 낸다.[18]

작가는 산속에서 작업하다 비가 많이 올 때면 텐트가 물에 젖어 떠다니는 경험도 했고, 그 속에서 여기저기 없었던 폭포를 만나기도 했다. 자연은 이렇듯 항상 새로운 모습으로 우리를 만난다. 그래서 작가에게 산속 계곡은 많은 창작 동기를 만들어 준다.

박종걸은 내면에 응어리진 덩어리를 분출하고 있으며 존재하는 것을 존재하는 것이게끔 하는 것에 대한 탐구를 중시한다. "해가 질 무렵 큰 덩어리가 보였다. 그 웅장함을 담아내고 싶었다. 어둠 속에 히끗히끗 드러나는 여백, 공간감을 통해 살아 있는 기운, 생동감을 넣어 표현하는 것이다. 남은 흰 부분이 그림의 역동성을 살리는 중요한 포인트다."[19]라고 말했다. 그의 작품을 보면 처음에는 사실적인 부분이 들어오지만 쪼개고 쪼개 원소화하다 보면 큰 덩어리가 분해되고 기운만 남는다. 기운들이 뭉쳐져 있는 느낌을 표현하고 있다. 구체적인 형상은 사라지고 필촉분할筆觸分割[20]만이 남아 있다.

있음은 없음에서 나온다

그리지 않은 달은 과연 없는 것인가? 노자는 "있음은 없음에서 나온다有生於無."라고 말했다. 주변을 어둡게 칠하면 달이 나타난다. 보이지 않는 여백을 어떻게 볼 수 있을까? 소리 없는 소리를 어떻게 들을 수 있을까? 눈이 아니라, 귀가 아니라 마음으로 보아야 한다. 그러기 위해서는 의식적으로 구별하는 분별심을 없애야 한다. 노자는 "흰색은 검은 것처럼 보인다大白若黑."라고 말했다. 완전히 텅 빈 곳에 최고의 충실감이 있다. 이때의 흰색은 비어 있는 것이 아니라 기운이 움직이는 공간이다. 또 "요즘 사람은 필묵으로 그린 곳에 신경 쓰지만, 옛사람은 필묵이 닿지 않은 곳에 신경 썼다今人用心 在有筆墨處 古人用心 在無筆墨處."라고 말했다. 문제의 핵심은 예술가의 영활靈活한 마음을 독창적으로 운용하는 데 있다. 예술가는 물리적 사실을 표현하는 사람이 아니라, 체험 중의 경계, 자기 생명과 관련이 있는 세계를 표현한다.[21]

수묵화水墨畵는 세계 미술시장에서도 주목하는 분야다. 동양에서 왜 수묵화가 나왔을까? 수묵화란 무엇인가? 그것은 두 가지 관점에서 찾아볼 수 있다. 하나는 서예의 영향, 제지술의 발달, 탄성이 풍부한 붓의 사용과 같은 재료적인 측면이다. 다른 하나는 동양철학에서 말하는 색공色空의 개념이다. 채움과 비움을 통해 공간을 만든다. 이렇듯 흑백의 세계는 단순하고 소박하며 조작이 없다.

박종걸은 1997년 첫 번째 개인전에서 수묵채색과 선묘를 병행해서 발표했다면, 2003년 두 번째 개인전은 선묘 위주의 작품을 발표한다. 작품 〈숲속〉 연작은 생명감, 기운을 담았다. 〈숲속〉은 〈계곡〉의 연장선에서 진행된 작품으로, 작가는 산을 다니면서 큰 덩어리뿐만 아니라 작은 것에도 관심을 갖게 되었다. 〈숲속〉에는 나무가 쓰러져 있고, 자연 속 새소리, 물소리와 어우러져 있다. 비 온 뒤 서늘한 기운 속에서 상쾌함을 느꼈다. 산의 큰 덩어리에서 느낄 수 없는 잔잔하면서도 깊이감을 느낄 수 있는 작품이다.

박종걸, 〈숲속〉, 2003, 한지에 먹, 46×70cm

　　강원도 강릉과 삼척 사이에 있는 두타산 무릉계곡에 갔다. 텐트를 치고 10일 정도 있었다. 자다 보면 비가 와서 물 위에 떠 있는 경우도 있었다. 다음 날 비 온 뒤의 정경을 보면 평소에 다녔던 폭포와 다른 수십 개의 폭포가 있다. 그동안 보지 못했던 폭포를 만나게 된 것이다. 그런 느낌들이 새롭게 느껴지게 되었다. 그런 때 아니면 볼 수가 없는 폭포였다.[22]

　　〈숲속〉 연작은 소리를 들을 수 있고, 소리를 느낄 수 있는 작품이다. 장자는 인뢰人籟, 지뢰地籟, 천뢰天籟를 말했다. 인뢰는 사람이 어떤 목적과 의도에 의해 만들어 낸 인위적인 소리라면, 지뢰는 땅에서 나는 우연적인 소리로 인뢰와는 달리 어떤 의도, 목적, 규칙적인 박자, 음률도 없다. 인뢰는 사람에게 계산된 소리지만, 지뢰는 우연적 소리이다. 그러나 이 두 가지 소리는 귀로 들을 수 있다. 그에 반해 천뢰는 들을 수 없다. 소리 없는 소리라고 할 수 있는 천뢰는 자신을 잃어버린 경지에서만 들을 수 있는 소리다.

살어리 살어리랏다

"살어리 살어리랏다. 청산에 살어리랏다. 멀위랑 다래랑 먹고 청산에 살어리랏다."로 시작되는 고려가요 「청산별곡」은 민중의 삶의 애환과 꿈을 노래한다. 서정주의 시 「추천사」는 깰 수 없는 벽을 향한 자유의지를 표현하고 있다. "향단香丹아, 그넷줄을 밀어라. 머언 바다로 배를 내어 밀듯이 향단아……." 이 시에서 '그네'는 바로 현실과 이상 사이를 왕복한다. 춘향을 통해 현실에서의 벽은 존재하지만 그 벽에 갇혀 시도조차 하지 않으면 안 된다는 것을 말하고 있다. 이상향은 멀리 아득한 옛날에 존재하는 것이 아니다. 우리가 존재하는 모든 곳에서 나의 마음이 상쾌해질 수 있는 공간을 지금 여기에 옮겨 놓으면 그곳이 바로 이상향이다. 음악을 들으면서 마음이 기쁘면 그 음악이 이상향을 만들어 준다는 말과 다를 바 없다. 즉, 마음을 편안케 해 주는 모든 공간이 바로 우리가 꿈꾸는 유토피아다.

2006년 세 번째 개인전 '청산별곡'전이 인사동 공평아트센터에서 열렸다. 작가는 어떤 구체적인 형상形象 너머 이상理想을 담아내고 있다. 천상 세계를 꿈꾸면서도 끝내 인간이 사는 지상을 떠날 수 없는 운명적 한계를 느낀다. 그러나 오늘도 끊임없이 벽을 넘어야 한다. 이상은 꿈꾸는 자에게 있다.

전통적 시각을 벗어나고 싶다. 그래서 겸재 정선의 그림을 보면서

박종걸, 〈청산별곡 남한산성〉,
2005, 한지에 먹, 76×68cm

많은 생각을 했다. 실경을 바탕으로 한 전통적 기와집, 유교적인 산
수화의 개념, 작가의 철학이 바탕이 되어야 한다. 겸재는 자연에 대
한 철학적인 바탕이 되어 있는 작가다. 그래서 겸재의 길을 가고 싶
다. 겸재를 좋아하는 이유는 중국 그림과 다른 자신의 그림을 그렸
기 때문이다. 내 그림 속에는 겸재의 느낌이 있다. 겸재를 따라 하고
싶은 생각은 없지만 겸재의 큰 덩어리를 가져가고 싶다. 틀에 박혀
있는 전통적 그림에서 벗어나고 싶다.[23]

박종걸은 세상을 보는 안목, 치열한 작가 정신을 보여 준다. 아무리 멋지게
그리더라도 의미가 없다. 결국은 철학이 바탕이 되어야 한다. 피카소, 고흐,
고갱을 보면 치열한 삶이 작품 속에 투영되어 있다. 고흐는 테오에게 보낸 편
지에서 "내 마음을 사로잡았던 장면의 흔적이 남아 있었다. 그 풍경이 나에

게 말을 걸었고, 그것을 빠른 속도로 받아 적었다. 내가 그렇게 받아 적은 것은 판독할 수 없는 단어와 실수, 경험을 담고 있을지 모른다. 그러나 거기에는 여전히 숲이나 너도밤나무, 여러 인물들이 나에게 들려준 것의 일부가 남아 있다. 그것은 누가 가르쳐 준 방법이나 체계 안에서 습득한 인습적인 언어가 아니라 자연 그 자체에서 나온 언어다."[24]라고 말했다.

박종걸은 남한산성 근처에서 학교를 다녔다. 그래서 남한산성을 자주 갔다. 소주 한잔 마시고 스케치를 했다. 남한산성에 대한 역사를 생각해 보았다. 그 세월의 여러 가지 상상할 수 있는 부분들, 남한산성이 축조되고 사건이 벌어지고 그런 상상의 날개를 펴게 되었다. 그리고 그 속에서 벌어지는 역사적 사건들을 생각하며 파편적으로 다가오는 느낌을 그렸다. 사건을 응축하여 표현하고 있으며, 50여 점의 〈남한산성〉 연작을 했다.

현장에서 스케치한 그림이 2천 장 정도 된다. 현장에서 스케치한 것을 어떻게 체득해 작품 속에 녹여 낼 것인가에 대해 고민한다. 작품은 개성이 있어야 한다고 생각한다. 내가 하는 작품이 누구와 겹치는 것은 싫었다. 그래서 나의 그림을 그렸다. 내가 하고 싶은 결대로 가는 것이다. 드로잉전은 따로 하고 싶다. 내가 느끼는 감정 속에서 이것이 그림이구나 하고 느끼고 갈 것이다. 박종걸 하면 그림 시커멓게 그렸다고 생각할 것이다. 그러나 다르다.[25]

2006년 세 번째 개인전 '청산별곡'전의 작가노트 「청산별곡: 술케치의 추억」은 두타산 무릉계곡에서의 느낌을 쓴 것이다.

박종걸, 〈청산별곡 무릉계곡〉, 2003, 한지에 먹,
34×99cm

친구들과 동해에 있는 두타산에 올랐
다. 무릉계곡의 너럭바위에 앉아서 스
케치를 한 후 이내 산을 오른다. 쌀쌀한
바람을 맞으며 터벅터벅 걸으면서 여러
가지 상념에 잡혀 이곳저곳 기웃기웃
하면서 오르다 보니 땀방울이 맺힌다.
…… 약수터를 거쳐 일행은 한계령 바
로 밑에 있는 용추폭포에 다다랐다. 폭
포 풍경에 매료되어 화선지를 펼쳐 놓
고 그리기를 시작하였으나 그만 술 생
각이 발동해 친구들을 꾀어 또 술판을
벌인다. 폭포 옆에서 특급 매실주에 소
주를 타서 마시는 술맛이란 그림 그리
는 것을 잊게 한다. 아, 계곡 물소리! 죽
여 준다.

그때 마침 지나가는 등산객과 어울려
술판을 벌인다. 우리들은 그 폭포 속 그
림으로 빨려 들어갔다. 결국 1박 2일 스
케치 여행은 '술케치'로 끝나고 잔상만
머릿속에 남겨졌다. 술이 그림 풍경을 먹
은 꼴이다.

– 2004년 어느 날[26]

박종걸, 〈청산별곡〉, 2006, 한지에 먹

그는 두타산 무릉계곡에 스케치 여행을 떠났다. 무릉[27]계곡 입구에 절이 있다. 비가 오면 절간 처마 밑에 앉아 그림을 그린다. 탑 위로 구름이 스쳐 지나간다. 스님의 목탁 소리를 들으며 아침부터 저녁때까지 그림을 그렸다. 저녁 예불을 끝내고 스님이 말했다. "대단하십니다. 종일 앉아 계시네요. 처소로 가서 차 한잔 하시지요." 빗소리와 함께 차담茶談이 이어졌다.

비 오는 날 절 처마 밑에 앉아 그림을 그리고 있었다. 스님이 "우리도 하루종일 좌선하기 힘든데 어떻게 이렇게 고행의 그림을 그리십니까?"라고 물었다. 그리고 차 한잔을 대접했다. 몰두하다 보면 시간 가는 줄 몰랐다. 밖은 어스름해지고 스케치는 끝났다. 혼자 터벅터벅 내려와 무릉계곡 밑 두부집에서 소주 한 병에 두부 한 모로 한 끼 식사를 대신한다.[28]

박종걸은 20~30대는 스케치를 하면서 한옥의 곡선이 북한산, 인왕산의 느낌과 비슷하다는 생각을 했다. 기와가 비 왔을 때 머금고 있는 검은 느낌을 생각했고, 나무를 그릴 때 우리의 정서도 생각하면서 그렸다. 우리의 정서란 어떤 것인가? "흑백적인 그림을 그리고 있는데 백을 생각하면 우리 민족의 정서는 흰색이라고 생각한다. 내 그림을 보면 단색조이다. 어찌 보면 내 그림의 정서 안에 어떤 것이 있는가 생각해 본다."[29] 1989년 이때의 그림들은 작가의 시대적 심리가 반영된 것이다. 이렇듯 작가의 작업은 외부로의 표출이라기보다는 한계상황에 대한 갈등과 고민이 내면에 들어와 그때의 심정을 표현한 것이다.

형태를 중요하게 생각느냐, 정신을 중요하게 생각하느냐, 또는 형태와 정신을 융합하느냐, 아니면 형태와 정신을 뛰어넘느냐 하는 것은 오롯이 작가 자신의 몫이다. 형신形神의 문제는 마음의 문제다. 박종걸은 빠름疾과 거침澁을 통해 화면을 장악하고 있다.

그림은 축적된 결과물이다

21세기 지금의 예술작품은 다양한 방식으로 삶에 대한 통찰력과 이해, 세계를 보는 방식을 풍요롭게 해 준다. 따라서 예술작품을 이해하기 위해서는

박종결, 〈북한산 원효봉〉, 2006, 한지에 먹

역사적 이해, 미학적 이해, 현대미술에 대한 이해가 필요하다. 피카소는 "보이는 것을 그리지 않고 느끼는 것을 그리겠다."라고 했고, 20세기 다다이즘의 뒤샹은 "나는 더 이상 그림을 그리지 않겠다."라고 했다. 이는 예술에 대한 관점이 시대를 달리하여 인식의 틀이 달라지고 있음을 말하고 있다.

예술가들에게는 다름이 있어야 한다. 이면이 중요하다. 어디로 튈지 모르는 부분 그것이 에너지다. 작가에게 그것이 없으면 죽어 있는 것이다. 그림의 경계는 없다. 그림의 경계를 세우는 순간 갇히게 된다. 그림은 고정되어 있는 것 같지만 열려고 하고, 스스로 열려져야 한다. 내가 주로 먹만 사용하지만 더 큰 것을 열기 위해 한 가지를 쓰는 것이다. 한 가지를 통해 더 큰 것을 찾기 위해 더 세밀함을 찾는다. 큰 그림을 그리기 위해서는 외경을 끊임없이 마주하고 관찰하

고, 작품 속에서 한꺼번에 쏟아 낸다.[30]

박종걸, 〈도봉산〉, 2012, 한지에 먹

작가는 사생寫生할 때는 자연의 면면을 세세하게 살핀다. 다양한 면을 보고 관찰하고 그 속에서 자신만의 느낌을 찾는다. 산의 물소리, 바람 소리 등 그런 상황을 상상하면서 화폭에 옮기고 있다. 그의 작품을 보면 까만 먹으로만 그리다 보니 덩어리의 에너지가 나온다. 흑백의 세계는 빨갛고, 노랗고, 푸른 현란한 색채는 없지만 흰 화선지나 비단 위에 검은 먹물을 물들여 먹빛이 풍부해지면 독특한 시각적 효과를 낳는다. 동기창은 제자에게 수묵화 한 폭을 가리키며 "이것이 가장 화려한 세계다."라고 말했다.[31] 물과 먹을 통해 화선지는 먹빛에 흠뻑 젖는 효과를 낳을 수 있다.

"먹을 운용하여 다섯 가지 색을 갖춘다運墨而五色具."라는 말이 있다. 색채가 없는 것은 색채가 있는 회화를 넘어선다는 말로 무無의 색채에서 오는 깊이감을 말한 것이다. 이렇듯 전통적으로 수묵화는 다양한 색을 뛰어넘는 깊은 울림이 있다고 말하고 있다. 작가는 무채색에서 오는 깊이감과 기운, 곡, 경, 은, 억 등의 미학 경계를 통해 깊은 예술적 영감을 보여 주고 있다.

박종걸이 첫 번째 개인전에서 단순한 느낌을 그렸다면, 두 번째 개인전은 다시 구체화되고 있다. 세 번째 개인전에는 전체적인 서사적, 이야기적인 느낌을 담아 그렸다.

> 세 번째 개인전부터는 산길을 걸으면서 느끼는 감정들을 표현하려고 했는데, 그 감정들을 마치 일기 형식으로 그리게 되었다. 형사形寫적인 것보다는 그때의 느낌을 일기 쓰듯이 그렸다. 바람, 소리, 시각적, 청각적 요소들을 상상하여 산 아래에서 위로 올라가면서 느낀 정경의 심상을 그린 것이다. 전체적인 느낌, 아우라를 생각하며 그렸다. 지금은 병풍같이 길게 그리다 보니 이야기식의 그림이 되었다.[32]

박종걸, 〈북한산별곡〉, 2018,
한지에 먹, 237×70cm

굽어진 길은 그윽한 곳으로 통한다曲徑通幽고 했다. 굽어짐은 정취를 나타낸다. 조형심리 관점에서 볼 때 가로선은 안정감을 주고, 세로 선은 힘을 느끼게 해 주는 한편, 곡선은 우미감優美感과 운동감이 풍부하다.[33] 박종걸의 그림 속 길을 따라가다 보면 은隱, 곡曲, 경徑, 억抑, 활闊을 만나게 된다. 박종걸의 작품에는 툭 던져진 조형 속 여백이 굽어진 길이 되기도 하고, 시내가 되기도 하고, 폭포가 되기도 하고, 넓은 땅이 나타나기도 한다. 걸음을 옮길 때마다 경치는 바뀌고 다양한 상상력을 불러일으킨다. 그의 예술적 성취는 본능적으로 받아들여 나타내는 것이기도 하고, 정립되어 나타내는 것이기도 하다.

박종걸, 〈도봉산별곡〉, 2018,
한지에 먹, 242×90cm

박종걸, 〈도봉산〉, 2020, 한지에 먹, 200×130cm　　박종걸, 〈경수사〉, 2020, 한지에 먹, 220×130cm

말로 표현하기 힘들 때가 많다. 내 그림 속에 조그만 결과물이 있는데 설명하기 쉽지 않다. 내 그림이 설명이 안 되지만 그림을 그릴 때 그 속에서 에너지가 나온다. 기운이 드러나고 자연이 함축되어 나타난다. 그냥 툭 튀어나온 것이 아니라 과정에서 나온 것이다.[34]

박종걸의 작품에서 검은색은 선택의 문제다. 그의 선은 한 줄기 강대한 힘이 느껴진다. 치솟아 흐르는 격류가 큰 바위를 만나 꺾이면서 수많은 물보라를 일으키듯 기운생동하다.

박종걸, 〈소요산〉, 2020, 한지에 먹, 197×112cm

박종걸, 〈도봉산〉(상하), 2020, 한지에 먹, 35x138cm

〈경수사〉는 불암산에 있는 경수사를 그린 것이다. 대학 졸업 후 30대 초반 즈음 동기들과 불암산 경수사를 다녀온 적이 있다. 경수사에서 바라본 비 온 뒤 폭포의 강렬함이 나에게 다가왔다. 2020년 30년 만에 그 폭포의 강렬함을 그린 것이다. 불암산을 내려와서 산을 올려다봤는데 어마어마한 폭포가 내 눈에 들어왔다. 후에 경수사를 여러 번 갔다. 봄, 여름, 가을, 겨울을 담았는데 특히 강하게 남는 인상은 30대 즈음 본 경수사에서 본 폭포의 이미지로, 그때의 강렬함을 상상해서 그린 것이다.[35]

박종걸은 충동적으로 그린다. 형태적인 것을 배제하고 그전의 원리적인 것, 원초적인 것, 알게 모르게 안에 있는 무언가를 끄집어내고 싶은 마음을 표현한다.

고정된 형식에 얽매이다 보면 내 속에 있는 에너지를 발휘하는 데 장애가 된다는 느낌을 받았다. 그래서 담묵淡墨을 쓰면 그림 자체가 칙칙하고 불순물이 들어간 느낌이 들었고, 초묵이 효과적이라고 생각해 사용했다. 먹 사이 화면에서 언뜻 드러나는 빈 공간이 형을 만들어 주기도 하고, 에너지를 발산시키거나, 응축시키는 역동적 공간을 만들어 주기도 한다. 그래서 내 그림에는 여백이 중요하다. 조그만 빈 공간 때문에 조형이 생긴다. 첫 획을 던지면서부터 전체 빈 공간에 대한 생각이 있다.[36]

박종걸의 작품은 명백하게 드러내지 않고, 형상 너머의 형상을 구하고 있다. 북한산의 정경을 그린 〈의상봉에서 바라본 북한산〉은 수없이 다닌 북한산의 정경을 작가만의 시선

박종걸, 〈의상봉에서 바라본 북한산〉, 2021, 한지에 먹, 205×67cm

으로 담아낸 작품이다.

> 스케치를 떠났다. 뒤따라 가다가 일행과 헤어지고 눈으로 마음에
> 담았다. 헤매다 묘한 자갈밭을 만났다. 1시간을 헤매고 길을 찾다가
> 일행이 나를 찾았다. 헤매면서 나무가 엉켜져 있는 모습을 그리게 된
> 것이다. 산 위를 보았는데 2월쯤 눈이 내린 산세의 강렬함을 보았다.
> 산에 오르면서 헤매는 상황에서 만난 자연을 담아낸 것이다.[37]

빈 곳은 우연일 수도 있고, 필연일 수도 있는 그런 공간이다. 그런 공간은
그냥 나오는 것이 아니다. 끊임없이 자연을 찾아다니면서 느낀 인상이 그 공
간을 통해 드러난다. 그것은 우연과 필연이 함께 만들어진 것이다. 작가는 필
연적인 것보다 우연과 필연이 자연스럽게 어우러짐을 좋아한다. 그렇기 때문
에 어머니의 빗자루와 같은 굵은 빗자루를 사용하는지도 모른다. 기존에는 필
선, 중봉선을 중시했다면 지금은 우연의 필획에서 터져 나오는 자연스러움을
찾고 있다.

> 요즘 내 작업은 빗자루로 화면을 쓸어 버리고 던져 버리고 그 속
> 에서 인위적 형태를 찾아 나간다. 그것은 산과 들, 계곡을 다니면서
> 느꼈던 새소리, 바람 소리를 발견하게 한다. 기존의 작품에서는 형상
> 을 보고 느낌을 그렸다면 지금은 느낌을 먹물을 툭 던지고 나서 표
> 현한다.[38]

박종걸이 먹물을 묻혀 던지면 그림이 됐다. 구상을 미리 해 놓고 하는 것이

아니라 행위를 하다 보면 자연스럽게 던져도 형이 만들어진다. 일필에도 축적된 덩어리가 나온다. 그는 끊임없이 칡줄기, 돼지털, 빗자루를 사용해 우연의 필획 속에 필연을 만들어 내고 있다. 흑과 백의 대비만을 가지고 선문답 화두의 '이 뭣고'다. 흑과 백의 대비, 농담이 없다. 흑백만 있는 것이다. 그 속에 이야기가 있고, 살아 있는 움직임이 있고, 여백이 있다.

선禪은 "직접 그곳에 있어야 함"을 강조할 뿐만 아니라 "여기에 있어야 함"도 강조한다. 지금 직접적인 체험과 진실을 강조한다. 『단경壇經』에 "서방정토가 찰나적 순간에 눈앞에 보인다西方刹那間 目前便見."라고 했다.[39] "본심을 가리키고直指本心" 깨달음의 길을 강조하기 때문에 선종은 잠재되어 있는 지혜를 캐어 낸다.[40] 그림은 어떤 것에도 구속받지 않는 자기 자신만의 세계를 드러낸다. 그 자유로움은 마치 깨달음처럼 어느 한순간에 댓잎에 쌓인 눈이 무게를 이기지 못해 떨어지는 찰나 속에 이루어질지도 모른다. 영원함은 그렇게 오는 것이다. 바로 그 순간 속에서 영원한 자유를 누린다.

박종걸은 법고를 통해 끊임없이 사생寫生하고 사유思惟한다. 연습이 목표에 도달하면 의도성 없음에서 의도가 나온다. 매화가 아침 햇살을 받아 가지에서 떨어져 날리듯이 내면의 동요 없이 자신의 현존재로부터 떨어질 수 있어야 한다.

스토리를 없애 가다

북송 때는 항상 시제로 화원을 선발했다. 유성俞成의 『형설총설螢雪叢說』에 "꽃을 밟고 돌아가니 말발굽에서 향기가 난다踏花歸路馬體香."라는 시제가 출제된 이야기가 있다. 수많은 사람이 매우 복잡하게 그렸는데 시험관은 만족

박종걸, 〈청풍계 1~6〉, 2021, 한지에 먹

하지 못했다. 그때 한 화가는 나비 몇 마리가 말 뒤를 날아 쫓아가는 그림을 그려 결국 일등을 차지했다.[41] 말발굽에 묻은 꽃향기를 나비 떼가 대신 말해 준다.

구체적인 형상으로 사물 본령의 뜻을 전달한다고 하는 입상진의立象盡意의 경지를 말한 것이다. 보이지 않는 것을 이미지화해 형상으로 보여 주는 힘이 예술에 있다. 예술가들은 일상적이고 습관적인 인지와 감각의 벽을 넘어 새롭고 낯선 시선으로 그 본질을 통찰하는 힘을 가지고 있다. 우리들이 미처 보지 못했거나 막연하게 느끼고 있던 그 무엇을 들춰내어 바로 우리들의 눈앞에 들이대는 것이다.

예술이 삶의 모방이 아니라, 삶이 초월적 원리의 모방이다. 예술은 이 초월적 원리와 우리를 소통하게 한다. 말이 기록되면 문자는 말의 길 위에 서 있는 이정표 구실을 한다. 독자는 그 이정표에 힘입어 말의 이쪽저쪽을 살피고, 두 쪽을 마주 보게 할 수도 있다.

그림은 시간과 공간 안에 존재한다. 이른 봄 동백꽃이 떨어진다. 짧은 순간에 무엇을 안다는 것은 어려운 것이다. 그림은 타인에게 질문을 던지는 것이다. 작가는 드러나는 외적 형식보다, 드러나지 않는 내적 조형에 대해 고민한다. 박종걸 작가는 남들이 미친 짓거리라고 생각하는 그것을 미치도록 하고 있다. 대학 때부터 줄곧 지금까지 고집스럽게 이어 오고 있다.

처음에는 백지다. 작업이 습관이 되어서는 안 된다. 그러면 형식적인 기교만 나온다. 이럴 때면 되도록 그림을 그리지 않는다. 산책을 하거나 드로잉을 한다. 그런 축적된 부분이 있어야 한다. 내 에너지는 형태를 묘사해서 내는 것이 아니다. 어떤 나만의 응축된 에너지가 나와야 한다. 내 그림을 남들이 보면 외형적으로 변화가 없어 보이지만 내적인 상태에서 변화를 주기 때문에 고민이 많다. 살아 있는 에너지가 나와야 되는데 그런 점이 어렵다.[42]

박종걸의 작품을 보면 농담도 없고, 거리감도 없는 그림이라고 비판을 받는다. 어떤 작가는 "너는 앞뒤도 없고 시커멓게만 그리냐?"라고 했다. 이 말은 바로 박종걸의 회화의 특징을 말한 것이다. 박종걸의 그림에는 이야기가 없는 것 같지만 그 속에 내용을 담아내고 있다. 그는 "앞으로 나의 그림은 점, 선, 면으로 나올 것이다. 조금씩 스토리를 줄여 가고 싶다. 어느 선에는 아예 스토리가 없어질 것

박종걸, 〈청산별곡〉, 2020, 한지에 먹, 137×34.5×2cm

이다. 그 스토리를 어떻게 응축시켜 드러내느냐의 문제다. 그것이 앞으로의 고민이다."라고 말했다.[43] 20~30대와는 달리 40세가 넘어서는 산을 주로 그렸다. 40세 이후의 그림은 정화의 의미가 있다. 박종걸은 "고등학교 때 진도를 다니면서 본 월출산의 모습이 내 그림 속 산의 원형이다."[44]라고 말했다. 그의 그림에는 월출산의 묵직한 덩어리가 들어 있다.

마지막에 나올지 모르지만 나는 월출산의 영감靈感에서 나온 그 덩어리를 어떻게 할 것인가가 숙제로 남아 있다. 지금의 내 그림은

박종걸, 〈북한산〉, 2019, 한지에 먹, 35×137cm

〈인물〉, 〈장승〉, 〈죽은 새〉, 〈소〉, 〈북어〉 등의 작업과 연계되어 나온 것이다. 그것은 정제되어 있지 않은 그 무언가를 분출한 것이다.[45]

그림은 속일 수 없다. 본래 자신의 삶을 온전히 드러내기 때문이다. 그래서 수양이 필요하다. 자신을 천착하지 않으면 가벼워진다. 특히 그는 "추사를 공부하면서 글씨나 〈세한도〉가 추사의 응결체로 나온 것이지 기술적인 부분에서 나온 것이 아니라는 것을 알았다. 내가 논문을 쓰면 그런 도덕, 철학, 미학과 연결 지어 쓰고 싶었다."라고 말했다. 박종걸에게 그림은 단순히 그리는 것이 아니라 마음의 문자이다. 밤새 내리던 빗줄기가 잦아들고 있다. 북한산 아침 산사에 물에 젖은 기와가 언뜻 비치는 햇살에 빛을 발한다. 작가는 다시 붓을 든다.

    인간은 사고思考하는 존재이지만, 계산하고 사고하지 않을 때 위
대한 작품을 창조해 낸다. 말하자면 하늘에서 내리는 비처럼 사고한
다. 바다 위에서 철썩이는 파도처럼 사고한다. 밤하늘에 빛나는 별들
처럼 사고한다. 따스한 봄바람에 움트는 푸른 새순들처럼 사고한다.
더 정확히 말하면 인간 자신이 바로 비요, 바다요, 별이며, 새순이다.
한 인간이 이런 정신적 단계에 도달했다면 그는 인생의 선禪의 대가
이다. 그는 화가처럼 화폭과 붓 그리고 물감을 필요로 하지 않는다.
궁사처럼 활과 화살과 과녁 등의 장비를 필요로 하지 않는다. 대신
그는 팔다리와 몸통 그리고 머리를 가지고 있다.[46]

    박종걸의 예술에 대한 집념은 자연의 특색을 표출하려는 노력에 있다. 예
술은 이런 노력으로 한 걸음 자연으로부터 멀어져 작가 가까이에 다가온다.

아니, 오히려 자신에 가깝게 된다. 자연으로부터 독립하게 되는 것이다. 그림에도 어떤 작가는 사생을 강조하고, 기운을 강조한다. 그래서 석도는 "산천은 나에게서 탈태하고, 나는 산천에서 탈태한다."라고 말했다. 박종걸의 그림은 자연이 도구다. 이 도구들은 그의 삶을 밖으로 드러내는 중요한 형식들다. 그는 지금까지 화폭 위에 자신을 담아내고 있다.

하얀 종이를 보고 이야기를 하지 않고 내 작품이라고 할 수 있지 않을까? 항상 고민하고 있다.

미주

1   박종걸 작가와의 대화, 북가좌동 박종걸 작업실, 2022. 1. 16.

2   박종걸 작가와의 대화, 북가좌동 박종걸 작업실, 2022. 1. 5.

3   박종걸 작가와의 대화, 북가좌동 박종걸 작업실, 2022. 1. 16.

4   박종걸 작가와의 대화, 북가좌동 박종걸 작업실, 2022. 1. 16.

5   빈센트 반 고흐, 신성림 역, 『반 고흐, 영혼의 편지』, 예담, 2010.

6   박종걸 작가와의 대화, 북가좌동 박종걸 작업실, 2021. 11. 30.

7   곽희, 신영주 역, 『임천고치』, 문자향, 2003.

8   박종걸 작가와의 대화, 북가좌동 박종걸 작업실, 2022. 1. 4.

9   박종걸 작가와의 대화, 북가좌동 박종걸 작업실, 2022. 1. 4.

10   박종걸 작가와의 대화, 북가좌동 박종걸 작업실, 2022. 1. 30.

11   박종걸 작가와의 대화, 북가좌동 박종걸 작업실, 2021. 11. 30.

12   박종걸 작가와의 대화, 북가좌동 박종걸 작업실, 2021. 12. 14.

13   박종걸 작가와의 대화, 북가좌동 박종걸 작업실, 2022. 3. 29.

14   최승호, 「북어」.

15   조광제, 김시천 편, 『예술, 인문학과 통하다』, 웅진지식하우스, 2008, p. 122.

16   박종걸 작가와의 대화, 북가좌동 박종걸 작업실, 2021. 12. 14.

17   박종걸 작가와의 대화, 북가좌동 박종걸 작업실, 2022. 1. 4.

18   박종걸 작가와의 대화, 북가좌동 박종걸 작업실, 2022. 1. 4.

19   박종걸 작가와의 대화, 북가좌동 박종걸 작업실, 2022. 1. 4.

20   인상주의 미술의 대가인 클로드 모네는 빛에 따라 시시각각 변해가는 사물의 인상을 표현하기 위
     해 필촉분할법divisinoism이라는 방법을 도입한다. 필촉분할법이란 물감을 직접 혼합하지 않고 캔버
     스 위에 점을 찍어 표현하는 기법이다. 색을 분리할수록 명도가 높아진다는 사실을 깨닫고 색을 선
     명하게 구현하기 위해 필촉분할법을 발전시킨 점묘點描 기법을 사용했다. 조형은 더이상 현실의 재
     현이 아니므로 인상주의 미술은 추상미술로 넘어가는 새로운 가능성을 열어 놓았다는 평가를 받고
     있다.

21   주양지, 서진희 역, 『인문정신으로 동양예술을 탐하다』, 알마, 2014, p. 298.

22   박종걸 작가와의 대화, 북가좌동 박종걸 작업실, 2022. 1. 4.

23   박종걸 작가와의 대화, 북가좌동 박종걸 작업실, 2022. 1. 4.

24   빈센트 반 고흐, 신성림 역, 『반 고흐, 영혼의 편지』, 예담, 2010.

25   박종걸 작가와의 대화, 북가좌동 박종걸 작업실, 2022. 1. 4.

26   박종걸, 「청산별곡: 술케치의 추억」, 공평아트센터, 2004.

27   무릉이라는 말은 도연명이 58세에 쓴 「도화원기桃花源記」에 나온다. 약 319자로 된 산문에 오언五言
     32행의 시를 붙였고, 『도연명집』에 수록되어 있다. 신선이 살았다는 전설적인 중국의 한 명승지 무

릉도원武陵桃源을 유토피아적으로 그렸다.

28 박종걸 작가와의 대화, 북가좌동 박종걸 작업실, 2022. 1. 4.

29 박종걸 작가와의 대화, 북가좌동 박종걸 작업실, 2022. 1. 30.

30 박종걸 작가와의 대화, 북가좌동 박종걸 작업실, 2021. 12. 2.

31 주양지, 서진희 역, 『인문정신으로 동양예술을 탐하다』, 알마, 2014, p. 307.

32 박종걸 작가와의 대화, 북가좌동 박종걸 작업실, 2022. 1. 4.

33 주양지, 서진희 역, 『인문정신으로 동양예술을 탐하다』, 알마, 2014 참조.

34 박종걸 작가와의 대화, 북가좌동 박종걸 작업실, 2022. 1. 4.

35 박종걸 작가와의 대화, 북가좌동 박종걸 작업실, 2022. 1. 5.

36 박종걸 작가와의 대화, 북가좌동 박종걸 작업실, 2022. 1. 5.

37 박종걸 작가와의 대화, 북가좌동 박종걸 작업실, 2022. 3. 30.

38 박종걸 작가와의 대화, 북가좌동 박종걸 작업실, 2022. 1. 5.

39 주양지, 서진희 역, 『인문정신으로 동양예술을 탐하다』, 알마, 2014, p. 423.

40 주양지, 서진희 역, 『인문정신으로 동양예술을 탐하다』, 알마, 2014, p. 420.

41 주양지, 서진희 역, 『인문정신으로 동양예술을 탐하다』, 알마, 2014, p. 25.

42 박종걸 작가와의 대화, 북가좌동 박종걸 작업실, 2022. 1. 16.

43 박종걸 작가와의 대화, 북가좌동 박종걸 작업실, 2022. 1. 16.

44 박종걸 작가와의 대화, 인사동 즐거운찻집, 2022. 3. 29.

45 박종걸 작가와의 대화, 북가좌동 박종걸 작업실, 2022. 1. 30.

46 오에겐 헤리겔, 정창호 역, 『활쏘기의 선』, 삼우반, 2004.

Korea
Contemporary
Artist

상상이 빚어낸
개머리 형상

박찬상

Korea
Contemporary
Artist

박찬상

Park Chan Sang, 1970~

광주예고, 중앙대학교 예술대학 한국화학과를 졸업했다. 제1회 초대 개인전(일본 요코하마, 교육문화센터 갤러리, 2004)을 연 이래로 제2회 초대 개인전(대전, 대학로21c갤러리, 2005), 제3회 개인전(서울, 공평아트센터, 2006), 제4회 초대 개인전(중국 북경, 21c호텔 교화랑, 2008), 제5회 기획초대전(안양, 롯데갤러리, 2009), 제6회 기획초대전(서울, 통큰갤러리, 2009), 제7회 기획초대전(서울, 우덕갤러리, 2010), 제8회 기획초대전(중국 북경, 798 SIMENS 예술공간, 2010), 제9회 기획초대전(중국 북경, 798 홍정예술공간, 2010), 제10회 기획초대전(중국 북경, 國粹미술관, 2016)에 이르는 지금까지 10회의 개인 전시를 이어 오고 있다. 또한 그는 일본 도야마 수묵화 트리엔날레 입상(2007), AATS 북경아트페어 우수작가상(2009), 제32회 올해의 주목할 예술가상(한국예술평론가협의회, 2012)을 수상했다. 그의 작품들은 독일 지멘스, 독일 베링거 인겔하임, 한국야쿠르트, 베이징 홍정예술공간, 베이징 21c호텔 교화랑 등이 소장하고 있다.

상상이 빚어낸 '개머리 형상'

조형예술은 시각예술이다. 시각 안에서는 다양한 감각을 엿볼 수 있기 때문에 복잡한 의미를 내포하고 있다. 그래서 시각예술인 미술은 감각의 예술이라고 할 수 있으며 현대미술을 이해하는 데 중요하다. 작가 박찬상은 색色의 속성·물질의 속성·다양한 표현으로 재현보다는 상상력을 통해 현실의 모순과 부조리에 대한 비판적 시각을 보여 준다.

남도의 길은 황톳빛이다. 오랫동안 이어져 내려온 역사가 남도의 길을 붉게 물들였는지도 모른다. 시인 한하운은 「전라도 길」에서 "가도 가도 붉은 황톳길 숨 막히는 더위뿐이더라"라고 노래했고, 시인 이성부는 「전라도」에서 "노인은 삽으로 영산강을 퍼 올린다. 바닥이 보일 때까지 …… 아직도 논바닥은 붉게 타는데 바보같이 바보같이 노인은 바보같이"라고 노래했다. 이 두 시는 현실과 사물에 대한 예리한 통찰과 사실주의적 관찰로 시대적 아픔 속

박찬상, 〈형상〉, 2011, 조합토, 27×16×16cm

에서 끈질기게 이어 온 소시민의 삶을 보여 준다. 이른 봄 동백꽃이 흐드러지게 피어 있는 전라도 황톳길을 따라가다 보면 남도의 한 맺힌 수난사에 가슴이 저민다.

전라남도 강진 작천에서 태어나 어린 시절을 보냈다. 어린 시절 공부보다는 연 만들기, 팽이 깎기 등 손으로 만드는 것을 좋아했다. 당시 시골 학교의 미술수업은 지금과 조금 달랐다. 변변한 미술 재료도 없고 미술 재료라고 하면 크레파스와 찰흙이 전부였다. 미술수업 절반은 크레파스를 이용한 그리기 수업과, 절반은 찰흙을 이용한 만들기 수업으로 짜여 있었다. 대부분의 만들기 수업은 학교운동장 한쪽에 자리하고 있는 팽나무 밑에서 이뤄졌다. 미술 시간의 주제는 예쁜 그릇 만들기였다. 삼삼오오 모여서 자리를 잡고 각자의 그릇을 만들었다.

미술 시간이 끝날 무렵 만들어 놓은 그릇들을 선생님이 보고 내 이름을 불렀고, 아이들의 시선을 한 몸에 받았다. 소심한 나는 혹시 내가 만든 그릇을 혼내시려고 그러시나 하는 마음에 긴장하며 서 있었다. 내 그릇을 가리키며 칭찬과 함께 박수까지 받았던 기억이 있다. 그때 만들었던 것이 〈개머리 형상〉의 그릇이었다. 초등학교 4학년 때의 경험으로 작가의 꿈을 키우게 되었다.[1]

박찬상은 어린 시절을 이렇게 회고한다.

집 앞에서 섬을 보았다. 그 섬에 가고 싶었다. 그것은 섬이 아니라
월출산이었다. 구름이 내려앉아 있으면 산꼭대기만 보인다. 비 온 뒤
무지개가 걸쳐 있다. 저기에 무엇이 있을까? 어떤 곳인가? 어느덧 내
마음속에는 다른 세계에 대한 동경憧憬이 자라고 있었다.[2]

그는 예고에 다닐 때 형태를 단순히 모방하는 것보다 새롭게 변형해 재구
성하는 것을 좋아했다. 예고 졸업전에 수묵화로 그린 〈불도저〉를 출품했다.
방치된 불도저는 바람과 햇볕에 녹슬고 기름이 새어 나오는 흉측한 모습이
었다. 남들이 볼 때는 불편해 보이는, 그러나 단순한 아름다움이 아닌 느낌이
있는 그림을 그리고 싶어 했다.

대학 1학년 때 나만의 작업을 찾기 위해 고민했다. 그러나 큰 벽이
앞을 가로막고 있음을 피부로 느꼈다. 그래서 더욱 나만의 작업을
찾았는지도 모른다. 수업 시간에 작업한 것을 교수님께 보여 줬다.
실험적인 작업을 했는데 일반 장지에 콜라주collage 기법으로 질감만
살리는 시도였다. 교수님이 그걸 보고 "찬상아 내 수업 시간에 이런
그림 그리지 마라. 졸업하고 그려라."라고 했다. 나는 고집을 꺾지 않
았다. 교수님 수업을 거부하고 다른 곳에서 작업했다. 형식에 맞춰진
그림에 대한 반발로 작업은 점차 어두움을 찾아 미로 속을 헤매듯
빠져들어 갔으며 내면의 어둠을 밖으로 토해 내고 싶었다.[3]

박찬상, 〈벽〉, 1996, 장지 위에 채색, 162×130cm   박찬상, 〈외면〉, 1996, 장지 위에 채색, 162×130cm

박찬상의 대학 생활은 충돌의 시간이었다. 그는 틀에 얽매인 교육방식에 만족하지 못했고 소외된 현장과 치열하게 살아가는 소시민의 모습을 봤다. 시장 아주머니, 할머니, 할아버지의 주름진 얼굴과 일그러진 손마디를 보면서 삶의 애환을 생각하게 되었다. 남들이 소홀히 생각하는 소외된 이야기를 끄집어내 불편하지만, 그 속에서 자신을 찾아 작품에 담아 보고 싶었다. 이때 그린 작품들이 〈생의 초상〉(1994), 〈벽壁〉(1996), 〈버스정류장〉(1996), 〈구속〉(1996), 〈신호〉(1996), 〈회고〉(1996), 〈외면〉(1996), 〈답踏〉(1997) 등이다.

〈벽壁〉(1996)에는 선사시대 동굴 속 벽화에 나오는 기하학적 문양, 고대 청동검 등이 기호화되어 나타나고 있다.

당시 동굴 속에서 길을 잃어버린 것 같은 느낌이었고 벽壁이 가로

막고 있는 느낌이었다. 동시에 고독이 밀려왔다. 그렇게 그리려고 그
린 것이 아니다. 그 속에서 앞으로의 희망적인 미래를 담아내고 싶었
다.[4]

벽의 의미는 두 가지로 해석될 수 있다. 하나는 외부로부터 나를 보호하는
의미가 있고, 다른 하나는 예술에서의 고정관념의 벽을 깨는 것이다.

내 속에 들어가 보고 싶었다. 어두운 것이 기억에 많이 남는다. 그
래서 내 작품 속에는 밝은 것보다 어두운 면이 많다. 내 자신 속에는
다양한 생각들이 지배하고 있으며, 존재에 대한 갈등과 고민이 방향
성 없이 흔들리고 있다. 일반적 표현방법이 아닌 나만의 표현방법으
로 마음속 무엇인가를 끄집어내고 싶었다.[5]

그에게는 미래에 대한 불안과 자신을 보호할 방어막이 없는 불안정한 현
실 속 고민이 벽처럼 무겁게 가로막고 있었다.
〈외면〉(1996)은 허상虛像과 실상實像 사이의 잔상을 그려 내고 있다.

어려서부터 지금까지 가장 많이 꾼 꿈이 있다. 다른 사람들은 옷을
입고 있는데, 나만 옷을 벗고 거리를 활보하는 꿈이다. 옷을 걸치지
않은 불안한 모습의 환영幻影이 나타난다. 알몸의 그는 누구인가?
그는 분명 나인 것 같은데 내가 아니다. 그럴수록 그 발가벗은 사내
는 자꾸만 더 깊숙이 나의 내면 속으로 파고든다. 그리고 부끄러워하
는 알몸의 사내와 싸운다. 너는 왜 창피하게 사람들 앞에서 발가벗고

있는가? 나는 발가벗은 사내로부터 벗어나고 싶었다. 발가벗은 사내를 그림으로 그렸다. 발가벗은 알몸의 사내를 보고 부끄러워하는 내면을 드러냄으로써 그림을 통해 나를 찾는다. 내가 느끼는 감정 자체는 알몸이다. 감추고 싶은 욕망, 드러남과 드러나지 않음 속, 그 경계에 내가 서 있다. 그래서 내 그림을 보면 벌거벗은 알몸이 많다.[6]

현실은 실재·사실·현재를 말하고, 이상·공상·꿈은 환영幻影의 세계다. 미적 개념에서의 환영의 의미는 규칙이나 예술적 생산과 수용의 관례나 형식만이 아니라 예술적 생산물을 통해 산출된 현실과는 다른 표상이나 태도, 또는 감정 자체로 이해된다. 미적 환영의 의미와 목적은 각각의 세계관에 따라서 오늘날까지 다양하게 평가된다. 좁은 의미에서 환영적 예술은 건축적 공간 작용이나 착시화trompe l'oeil와 같은 것으로 의식적 눈속임을 목표로 한다. 그와 달리 사실주의적 자연주의적 예술은 현실의 환영을 획득하려고 한다. 인상주의, 상징주의, 초월주의는 다시금 환영을 통해 수용자들을 초월적 세계로 유인하려고 한다.[7] 박찬상이 추구하는 환영의 세계는 착시 효과를 통해 현실의 환영을 말하기도 하고, 초월적 세계로 관람자를 이끌기도 한다. 이런 점은 박찬상의 작품 세계를 이해하는 중요한 지점이다.

현실에 실재하는 것을 존재한다라고 말한다. 인간은 현실을 부정하고 살수는 없으며, 꿈을 현실로 실현시키기 위해 끊임없이 노력한다. 지금 바로 여기 우리가 당면해 있는 불편한 것, 부끄러운 것 등을 들춰내기는 쉽지 않다. 작가 박찬상은 그런 불편한 진실을 화면에 옮기고 있다.

현대인은 대중매체 속에 살며, 네트워크 안에서 자신의 지위를 얻으며 디지털 문명 속에서 편의를 느낀다. 매체는 우리에게 편의를 제공하지만, 대중매체에 의해 규격화된다. 그러나 실제 생활을 대할 기회가 부족하며, 우리의 눈은 자신과 관계없는 다양한 이미지로 가득 차 있다. 대중매체로 인해 지구촌은 가까워졌지만, 또 그만큼 멀어졌다. 우리에게 외부 세계의 소식을 더 많이 얻게 해 주었지만, 정신세계를 감수하는 기관은 오히려 둔화하고 있다.

우리들에게 단순함과 직접성이 요구된다. 자신의 노력으로 당면한 문제를 파악해야 한다. 어떤 스님이 백룡원白龍院 도희道希 선사에게 물었다. "무엇이 도입니까?" 선사가 대답했다. "나귀를 타고 있으면서 나귀를 찾는 것이다."[8] 자신에게 주의를 기울이지 않고 자신의 밭에 씨를 뿌리지 않으며, 표면적 감정을 포장한다. 결국 자신의 밭은 황폐해진다.

회화적 언어를 찾아가다

거울속에는소리가없소
저렇게까지조용한세상은참없을것이오
……
거울속의나는왼손잡이오
내악수를받을줄모르는-악수를모르는왼손잡이오
……
거울속의나는참나와는반대요마는
또꽤닮았소
나는거울속의나를근심하고진찰할수없으니퍽섭섭하오[9]

시인 이상李箱(1910~1937)은 '거울'을 통해 또 다른 자아를 발견한다. 거울은 자아의 각성을 확인하는 매개물이다. 오른손이었던 자신과는 달리 거울 속 자신은 왼손잡이다. 이 시에서 발견할 수 있는 코드는 낯섦이다. 자신을 대상화하기 위해서는 낯설게 볼 줄 알아야 한다. 이 시는 띄어쓰기가 없이 생각이 흘러나오는 대로 쓰였다. 이렇듯 내면의 목소리를 있는 그대로 드러내는 말하기를 자동기술법automatism이라고 한다. 이상의 시 「거울」은 당시의 시대적 상황에서 치열했던 내적 고민과 연민·소통을 보여 준다. 레오나르도 다빈치는 "화가의 마음은 거울과 같아야 한다."라고 말했다. 르네상스 이후부터 은유의 도구로서 거울의 이미지는 미디어를 통해 서양미술의 이론과 실기 전반에 걸쳐 퍼져 나갔다. 거울은 예술의 필수적인 아이디어 중 하나다.[10] 박찬상에게 거울은 바로 그림자다. 그는 빛, 환영, 그림자를 통해 현실과 환영의 경계를 보여 주고 있다.

박찬상은 고정된 형식에 머물지 않고 현실과 환영幻影의 미학적 경계를 기호와 상징으로 미래 지향적 담론을 보여 준다. 평론가 장석용[11]은 박찬상에 대해 "의식의 흐름을 패턴화하는 독특한 사고와 표현 방식과 섬세한 조응력照應力, 감탄할 인내력으로 회화와 설치작업에 이르기까지 자신만의 작업을 끊임없이 실험하는 작가다."[12]라고 말했다. 또한 프랑스 비평가 장 루이 푸아트뱅[13]은 "박찬상의 작품은 인간의 비밀을 천착穿鑿하려는 끈질긴 시도를 보여 주고 있다."[14]라고 평가했다.

박찬상 작품을 보면 직간접적인 경험을 반영하여 끊임없이 의문을 제기하고 있으며, 작품에서 작품으로 이어지고 있다. 박찬상의 작품 행위는 만들어진 이미지가 아니라 이미지를 구성하는 행위, 즉 이미지를 만드는 과정 그 자체다. 그래서 그의 그림 속 기호와 상징은 결과에 있는 것이 아니라 바로 생성becoming에 있다. 다시 말해, 박찬상의 작품은 과정과 인식의 흐름에 있으며, 그의 그림 공간은 현실現實과 환영幻影의 경계에 놓여 있다. 그는 의식의 흐름을 패턴화하여 설치·평면·입체의 경계를 넘어 낯섦을 지향하고 있다.

21세기는 다양성의 시대다. 경계의 확장과 반성적 회고를 통해 포스트모던의 시대를 관통해 내야 한다. 따라서 박찬상의 작품에 나타난 공간, 그 너머의 존재론적 성찰을 위한 미시적 담론을 통해 한국 현대미술의 소통의 의미를 생각하게 한다. 때로는 무엇을 남기고 싶거나 표현하고 싶을 때가 있다. 여행을 갔을 때 사진을 찍거나, 에세이로 표현하기도 한다. 특히 그림은 포착한 대상에 대한 미묘한 감정을 감상자에게 전달한다. 이런 재현 대상은 구상적이든 추상적이든 의미있는 형식을 통해 타자와 소통한다. 모리스 메를로퐁티(1908~1961)는 "생기를 들이마신 화가는 세계에 대한 견해를 표명하는 것이 아니라, 자신의 시지각을 몸짓으로 만들며, 그림으로 사유한다."[15]라고 말했다. 경험한 현실대상을 다양한 조형 방식으로 변형하면서 자신의 주관적인 의도를 개입시키는 것이 진정한 예술 행위이다.

박찬상의 그림의 깊이는 바깥을 향하는 시선이 아니고 사물들 틈에서 탄생한다는 점이다.

내 생각은 작품에 있고 작업 자체가 이야기다. 큰 주제만 잡고 구체적인 상징과 기호들은 의식의 흐름에 맡긴다. 감상자鑑賞者는 작품 속 언어를 작가의 시선이 아닌 감상자의 시선으로 이해한다. 예컨대 동그라미란 형상에서 보름달, 향수를 느낄 수 있고, 돈을 생각하는 사람도 있을 것이다. 상징적인 이야기를 던지면서 관람자는 위안을 얻을 수 있다. 자신의 경험을 비추어 그림을 감상한다. 보인 그대로 보고, 이해하고, 그것을 자기의 이야기로 치환置換시키면 된다. 이

박찬상, 〈문명〉, 1994, 장지 위에 채색, 130×97cm

박찬상, 〈성性〉, 2004, 장지 위에 채색, 131×73cm

것이 내가 그림을 통해 감상자와 소통하는 방식이다.[16]

〈문명〉(1994)은 과거와 현재의 대비를 통해 선명성을 부각시키고 있다. 우리의 전통그림에 등장하는 봉황은 상상의 새다. 작가는 대학 시절부터 문화재 복원에 관심이 많아 대학 졸업 후 대학원 진학을 위해 2년간 일본에 머문 적이 있다. 그의 작품 속에 내재된 깊이감은 전통적 채색의 발림에 있다. 이 작품을 보면 우측 화면은 좌측 부분보다 넓은 공간을 차지하고 있으며, 봉황은 어디론가 날아갈 듯한 비상을 위한 몸짓을 보여 주고 있다. 좌측에는 현대문명을 상징하는 그림이 좁은 공간에 나타나고 있다. 코카콜라·엑센트(현대자동차)·001(국제전화)·빌딩·고속도로가 있다. 자동차가 거대한 산과 벽으로 가로막혀 있는 어둠 속으로 질주하고 있으며, 제어할 수 없는 현대 문명의 광기를 드러내고 있다. 『느린 것이 아름답다』의 저자 칼 오너리는 "음악가들이 말하는 템포 기우스토Tempo Giusto(알맞은 속도를 뜻하는 음악용어)다."라고 말했다. 이렇듯 슬로 운동은 지구 전체를 산업화 이전으로 되돌려 놓기 위한 러다이트Luddite운동도 아니다. 슬로 운동은 느린 것을 뜻하는 것은 아니라 속도가 빠른 현대사회에서 자연의 흐름에 순응하며 살아가고자 하는 사람들의 외침이다. 박찬상은 초고속으로 질주하고 있는 자본주의 문명의 광기를 제어할 대안적 삶이 무엇인가를 고민하고 있다.

2004년 박찬상의 첫 개인전이 일본에서 열렸다. 전시에서 일제의 침략과 민중의 아픔, 전리품에 대해 비판했다. 일본에서 전시를 하게 된 계기는 쿄카즈오[17]와의 만남이다. 쿄카즈오가 한국에서 박찬상 작가의 전시를 보고 일본에 초대한 것이다. 〈성性〉(2004)은 일제 강점기 우리 민족이 겪었던 내면의 상처를 드러냄으로써 광기에 대한 폭로와 상처를 치유하려는 의지를 담고 있다. 알몸과 그 주변에 잎사귀들이 움직이고 있다. 사람도 자연의 일부이고, 사람과 자연은 상생相生한다.

현실과 환영幻影의 경계

환영은 현실의 반영이다. 잠재된 의식의 흐름에 따라 현실에서 시지각視知覺으로 경험한 것들을 반영하여 표현한다. 독일의 노발리스Novalis(1772~1801)는 소설 『푸른 꽃』에서 "꿈은 지루한 일상의 속박에서 벗어날 수 있는 출구다. 현실에서 꼼짝없이 갇혀 있던 상상력이 꿈속에선 활개를 펴고 자유롭게 놀 수 있다. 꿈속에서는 현실의 모습들이 뒤죽박죽되기도 하고 온전한 정신을 지닌 사고방식이 순진한 아이들의 웃음소리에 방해받기도 한다. …… 간밤에 꾸었던 꿈이 삶에 아무런 의미도 없는 헛된 것은 아닐 것이다. 왜냐하면 꿈을 꾸면서 감정과 영혼이 생기를 되찾아 훨훨 날아올랐으니까."라고 말했

박찬상, 〈환영幻影-상像〉, 2005, 진채

다. 외부 대상에 대한 모방이나 재현보다는 상상력을 통한 작가의 독창적인 감정 표현을 중시한다.[18]

박찬상의 작품에는 현실과 환영의 경계를 담아 상상력을 통한 독창적인 감정 표현이 드러나고 있다. 노발리스가 "꿈은 지루한 일상의 속박에서 벗어날 수 있는 출구다."라고 했듯이 그의 작업에서의 꿈은 현실과 분리되지 않고 내면의 자아를 들춰내고 있다.

2005년 제2회 박찬상 개인전은 대전 대학로 21c갤러리에서 열렸다.

일본에서 전시한 첫 번째 개인전은 주로 목판화를 이용해 화면을 구성했는데, 두 번째 개인전에서는 실크스크린으로 했다. 판화작업을 좋아하는 특별한 이유는 판을 이용해서 다양한 조형 효과를 살리는 데 있으며, 판화가 가지는 독특한 미감을 좋아해서이다. 판화는 의도적인 질감의 느낌이나 텍스트가 용이하다.[19]

박찬상, 〈시간 달리기〉, 2005, 장지 위에 채색, 71×220cm

박찬상, 〈꼭두각시〉, 2005, 장지 위에 채색,
90×72cm

박찬상, 〈장식-방 1〉 2005, 장지 위에 채색,
130×140cm

〈시간 달리기〉(2005)는 바쁘게 살아가는 일상의 단면을 보여 준다. 그림의 배경이 영화필름처럼 연속적이며, 미래에 대한 두려움, 불확실성을 담아내고 있다. 소녀 뒤에 마귀처럼 생긴 악마가 있다. 그 악마는 바로 두려움의 존재인 작가 자신인 것이다. 불확실·두려움·내면적 갈등이 혼재되어 있다. 특히 주목할 점은 입술이다. 박찬상은 "입술을 특별히 빨갛게 한 이유는 살아 있다는 느낌의 표현"[20]이라고 말했다. 고흐는 "나는 빨간색을 통해 인간 마음의 강렬한 열정을 표현하기 위해 노력했다."[21]라고 말했다. 빨강은 박찬상의 색채코드로, 검정과의 대비효과를 통해 바로 살아 있고, 살아야 함을 말하고 있으며, 당면한 현실을 극복해 내겠다는 의지를 표현하고 있다.

〈꼭두각시〉(2005)를 보면 두 사람의 형상 사이의 한 소녀가 꼭두각시 나무 인형을 들고 있다. 나무 인형은 자기 의지가 없어 다른 사람에 의해 움직일 수밖에 없다. 그런 꼭두각시 나무 인형은 바로 작가 자신이다. 자본주의 속의 꼭두각시는 자본에 의해 조종된다. 외부의 통제에 길들어져 있는 '나', 어디로 갈 것인가? 현대 물질문명은 외부에 의해 강요된 메커니즘에 의해 조종된다.

〈장식-방 1〉(2005)은 인위적으로 꾸며진 방에 무표정한 한 소녀가 서 있고, 뒤의 액자에는 메마른 고목 나무가 서 있다. 소녀의 무표정한 얼굴은 의도하지 않으면 나올 수 없다. 소녀의 이면에는 외부로부터의 압박감에 움직임이 없다. 겉으로는 안정되고 잘 갖춰진 이상적 가정에서 자란 듯하다. 그러나 그 웃음기 없는 무표정의 소녀는 가족과 사회의 굴레에 얽매여 갇혀 있다. 소녀 뒤 액자 속 나무에는 잎사귀가 없다. 낙엽은 다 져 버리고 생명이 소실되고 있다. 소녀는 외롭다. 창문은 소녀의 심상의 반영이다. 결국 소녀의 모습은 단정하고 안정적이지만 미래는 녹녹지 않다는 것을 보여 준다. 방바닥과 벽은 거리감 없이 펼쳐져 있다. 〈꼭두각시〉와 〈장식-방 1〉에서 두 소녀의 모습은 감시 속에 방향을 잃어버린 듯 불안한 모습을 하고 있다.

> 당시 학생을 대상으로 하는 미술학원을 운영했다. 그때 아이들의 행동을 보면서 즐거운 모습을 찾아볼 수 없었다. 마치 부모에 의해서 움직이는 인형과 같은 모습이었다. 학원을 몇 개씩 다니고 있었고, 어떤 아이들은 정서적으로 불안했으며, 이상한 행동을 거침없이 했다. 그때 당시의 획일화된 교육문화를 보고 생각한 작품이다.[22]

이렇듯 작가는 끊임없이 어떤 문제를 외부에서 찾는 것이 아니라 지금, 바로 여기 현재에서 찾아가고 있다. 그렇기 때문에 박찬상의 작품을 들여다보면 진정성이 묻어나 있으며 당시의 세태를 작가만의 시선으로 담아내고 있다.

비어 있는 속에 내가 있다

2006년 공평아트센터 2층에서 열린 개인전 '상象과 공간의 갈등'전은 작가의 또 다른 모색의 공간을 찾아가고 있다는 점에 주목한다. 그림 속 사람의 공간을 비워 두고, 그 사람의 이야기는 주변의 상황과 관련지어 비추어진다. 이는 주체적으로 행동하지 못하고 도외시되는 타자성에 의해 규정된 '나'다. 박찬상은 2006년 '상과 공간의 갈등'전 「작가노트」에서 다음과 같이 말했다.

전통문양에 종교적, 문화적 그리고 사회적 의미가 반영되어 있듯이 나는 현대의 일상 속 문양, 입체 평면적인 사물, 그리고 의식 속에 잠재되어 있는 갈등요소들을 패턴화시키고 의미를 부여해서 화면을 직설적으로 구성했다. 이 모든 이미지들을 복잡하게 나열하거나 중첩시켜 벽화의 질감적인 이미지를 유추했고, 그 공간과 인간의 갈등을 표현하고자 했다.[23]

문화의 집적물인 수많은 상징적 문양들은 우리 문화를 압축해서 보여 준다. 작가는 이런 전통과 현대의 다양한 문양들에 관심을 갖고 있으며, 상징적 문양들이 작가의 주요 오브제로 사용되고 있다.

작가는 보이지 않는 내면을 그린다. 옷은 겉으로 드러나 알몸을 감추고 있다. 별개의 것으로 보이지만 이 또한 자신의 반영이다.

내가 좋아하는 것은 알몸이다. 나로부터 시작되고 결국 '나'이다. 나를 통해 이야기하고 느껴지는 것, 살아 있는 존재감의 실체가 알몸이기 때문이다.[24]

그렇다. 외형을 갖춘 겉모습이 나의 모습인 것 같지만 그것은 나의 참모습이 아니다. 옷은 사회적 체계의 약속이다. 작가는 "옷을 그릴 때 나도 모르게 그 속에 뼈도 그리고 근육도 그린다. 옷 속에 사람들의 수많은 이야기를 담아낸다."[25]라고 말했다. 이렇듯 작가는 드러남과 드러나지 않음 사이의 경계를 보여 주고 있다. 무엇을 드러내느냐의 문제가 아니라 어떻게 드러내느냐의 문제이다. 영화 「매트릭스」에서 모피어스가 말했다.

> 네오, 너무도 현실 같은 꿈을 꿔 본 적이 있나? 만약 그 꿈에서 깨어나지 못한다면 꿈속의 세계와 현실의 세계를 어떻게 구분하지?[26]

인간은 몸과 마음이 결합된 존재다. 이 현실 세계가 꿈속에 있다고 생각할 수도 있다. 우리가 매트릭스 속에 있으면 우리가 매트릭스 속에 있다는 것을 알 수 없다. 영화 「매트릭스」에서 네오가 자기가 매트릭스에 있는 것을 깨달은 것은 매트릭스에서 나왔을 때다. 꿈을 깨야 내가 꿈을 꾸었다는 것을 알 수 있다. 현재 경험하는 감각 세계가 진짜인지는 알 수 없다. 우리가 직관적으로 옳다고 하는 지식도 확실치 않다. 박찬상은 현실과 환영幻影의 경계를 작품을 통해 말하고 있으며 희망의 메시지를 전하고 있다.

새가 알에서 깨어날 때 각각 우는 소리가 다르다. 이것이 분별이다. 앎과 모름, 삶과 죽음, 너와 나, 그 분별이 없을 때 꿈과 현실은 하나다. 무분별 속에 있을 때 우리는 무궁의 세계에 머물 수 있다. 무분별은 해와 달을 품고 우주를 품는다.[27]

영국의 앤서니 기든스는 그의 저서 『질주하는 세계』에서 "세계화는 거스를 수 없는 대세가 되었으며 인류의 삶을 엄청난 속도로 바꿔 나가고 있다."라고 말한다. 그의 말처럼 세계화는 시장에서뿐만 아니라 성, 결혼, 가족과 같은 사적인 삶의 방식도 변화시키고 있다. 또한 미국의 경제학자 에드워드 리트웍은 무서운 속도로 달려가는 자본주의를 가리켜 '터보자본주의'라는 표현을 썼다. 전자오락과 컴퓨터와 핸드폰의 빠른 기능의 변화는 사람들을 당황하게 만든다. 이런 엄청난 속도는 결국 문명의 이기를 따라가지 못하는 사람들에게 사회적 소외감을 느끼게 한다.

로마의 극작가 프라우투스(기원전 251~184)는 「애가哀歌」에서 다음과 같이 노래하고 있다.

　　신들이시여! 시간을 나누는 법을 처음으로 알아 낸 인간을 저주하소서. 나의 하루를 무참히 난도질하여 작은 조각으로 토막 내기 위해 이곳에 해시계를 설치한 자도 저주하소서! 해시계가 허락하지 않는 한 나는 앉아서 식사하는 것조차 불가하나이다. 도시에 이런 저주받은 눈금판들이 가득하니…….[28]

사모아의 추장 투이아비는 『빠빠라기』에서 작고 둥근 시간 기계를 부수고 문명인(빠빠라기)들을 구출해야 한다고 말한다. 우리는 움직이는 초침처럼 일상을 바쁘게 살아간다. 시간은 내가 멈추면 없어지는 것이고, 나로 인해 만들어진 하나의 형상일 뿐이다.

　　시간은 조용하고 평화로운 것을 좋아하며, 안식을 사랑하고, 거적 위에 느긋한 자세로 눕는 것을 좋아한다. 빠빠라기는 시간이 어떠한 것인가를 알지 못하고, 이해하지도 못한다. 그러므로 자기들의 야만

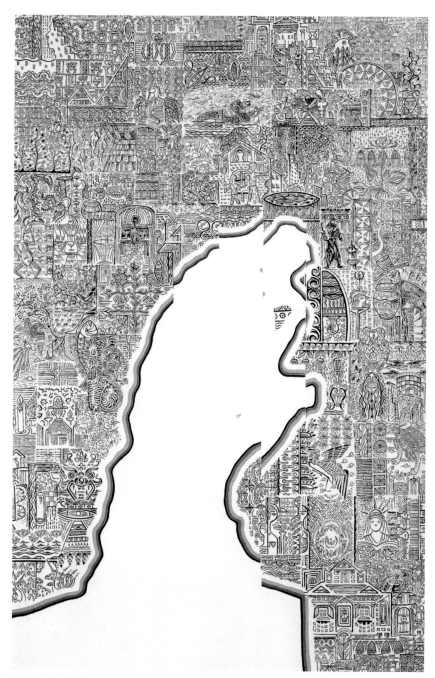

박찬상, 〈상-분열〉, 2006, 장지 위에 먹, 아크릴, 207×138cm

스러운 풍습에 따라 시간을 학대하고 있다. …… 우리들은 저 불쌍하고 갈피도 못 잡는 빠빠라기를 미친 짓에서 구출해 주어야 한다. 그러자면 우리들은 빠빠라기의 작고 둥근 시간 기계를 때려 부수고, 그들에게 가르쳐 주어야만 한다. 한 사람의 인간으로서는 다 쓰지 못할 만큼 많은 시간이 있다는 사실을……[29]

프라우투스와 투이아비의 이야기를 통해 시간의 의미를 다시금 생각하게 한다. 지금의 삶에서 시계 없이 생활한다는 것은 상상할 수도 없다. 투이아비는 야만스러운 풍습에 따라 시간을 학대하는 빠빠라기들을 위해 이상한 둥근 시계를 없애 버리면 인간이 상상하지 못하는 많은 시간이 있다는 것을 역설적으로 들려준다. 박찬상은 과거와 현재의 대비를 통해 현대문명의 광기를 우의寓意, allegory적으로 표현하고 있으며 희망의 메시지를 놓지 않고 있다.

〈재롱才弄〉(2006)은 성인의 슬픈 재롱이다. 사람들은 동심을 꿈꾸지만 그림 속 화자는 굴종하는 모습이다. 외부는 화려한 꽃으로 장식되어 있고 겉모습은 화려해 보이지만 하늘을 향해 몸통에 큰 얼굴을 치켜들고 있으며 눈동자에서는 측은함이 묻어난다. 삶에 지친 모습이다. 유난히 붉은 입술은 바로 그 속에서도 살아 보겠다는 희망의 언어이다. 이렇듯 이 작품은 성찰의 의미를 패턴을 통해 담아내고 있다. 이에 반해 〈불꺼진 방〉(2006)은 나를 비우고 타자에 의해서 보여지는 허상적인 나를 대비적으로 보여 준다.

박찬상의 작품 속에는 유난히 시계가 자주 등장한다. 〈불꺼진 방〉에서는 파란색을 '불빛'으로 표현하고 있다. 색은 주변의 조건에 의해 규정된다. 따라서 고정된 색은 없다. 작가의 의식이 머무는 순간, 그때 느낀 마음의 불빛이다. 그는 "안정된 집안의 느낌, 그래서 파란색을 사용했다. 쉬고 싶은 편안

박찬상, 〈재롱 1〉, 2006, 장지 위에 채색, 145×97cm　박찬상, 〈재롱 2〉, 2006, 장지 위에 채색, 145×97cm

한 공간의 색으로 파란색을 설정했다. 피카소는 가장 불안한 시대를 청색으로 표현했지만 나는 가장 편안하고 안정된 분위기로 파랑을 생각했다. 색의 고정관념은 없다. 내가 그때그때 느낌을 표현하는 것이 색이다."[30]라고 말했다. 그림에 등장하는 전통의 문양이나 유물은 구시대 박제화된 산물이 아니라 사회의 반영이다. 옛날이야기지만 지금을 말한 것이다.

　오늘도 지친 하루해는 저물고 세상의 다양한 것들을 만나 부대끼고 가방을 메고 집으로 들어간다. 늘 혼자였던 방, 불은 꺼져 있다. 혼자 불 켜고 들어갔다. 어김없이 시계추는 똑딱거린다. 하루하루를 살아가는 도시인의 외로움 같은 것을 느꼈다. 그 속에는 두려움이 담겨 있다. 나를 둘러싸고 있는 주변에는 세상사 이야기가 미로처럼 얽혀 있다. 그 미로 속에 갇힌 나는 외부에 의해 만들어진 '나'다. 어

박찬상, 〈불 꺼진 방〉, 2006, 장지 위에 먹, 아크
릴, 137×205cm

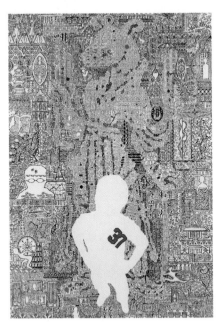

박찬상, 〈37세 개띠〉, 2006, 장지 위에 먹, 69×
100cm

린 시절 공간에 대한 기억, 바람의 흐
름, 빛의 유입에 관심을 가졌다. 비어
있는 속에 내가 있다.[31]

형체가 있는 상有形者象은 형체가 없는
것에 의해 결정된다無形者而定矣고 했다.
유형의 세계에는 무형의 세계가 존재하고,
이 무형의 세계는 유형의 세계에 의해 결
정된다.[32]

노자는 "서른 개의 바퀴살이 하나의 바
퀴통에 모여 있는데, 그 바퀴통 속에 아무
것도 없기 때문에 수레로서 쓰임이 있다.
진흙을 이겨서 그릇을 만드는데, 그릇 안
이 텅 빔으로 인해 그릇으로서 쓰임이 있
다. …… 그러므로 있음의 유익함은 없음
에서 나온다."[33]라고 말했다. 박찬상의 〈불
꺼진 방〉과 〈37세 개띠〉는 형체를 통해 무
형의 경계를 파악하고 있다.

〈37세 개띠〉는 자화상이다. 죽음에 대한
두려움과 현실 속 삶의 편린들이 비석처
럼 이불을 덮고 있다. 보일 듯 말 듯 12지
신의 가운데 하나인 '개'가 자리하고 있다.
박찬상은 "삶의 무게와 방향성을 찾지 못

하는 나의 모습을 그렸다. 나의 일반적인 생각과 이야기를 기호화해서 담아냈다. 나의 이야기다. 작품 속 비어 있는 사람의 공간 자체는 다른 사람이 들어올 수 있는 공간이 될 수도 있다."[34]라고 말했다. 당시 박찬상은 성, 사회에 대한 시선, 방향성에 대한 갈등과 흔들림, 경제적인 문제로 힘들었다. 왼쪽 아래 부분을 보면 B-BANK 은행이 얼굴에 박혀 있다. 작가는 생각에 생각을 이어 상을 만들고 그 안에서 뜻을 세운다. 직접 반영하는 방식이다. '저울'이 많이 등장한다. 이는 사회적 편견과 갈등에 대한 반영이다.

박찬상, 〈念念 3〉, 2008, 장지 위에 먹, 75× 43cm

스스로 타자가 되어 내 마음을 찾아가는 작업이다. 내가 타자가 되고 타자가 내가 되는 작업을 지금까지 이어 오고 있다. 외부에서 채움으로 나의 존재성을 드러나게 했다. 외부의 삶의 편린들을 상징화해 나를 드러내는 것이다.[35]

2008년 중국 베이징 교화랑橋畵廊에서

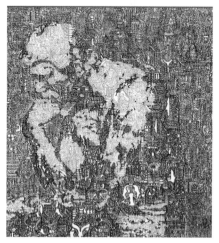

박찬상, 〈念念 4〉, 2008, 장지 위에 먹, 49× 49cm

박찬상전이 열렸다. 중국에서 네 번의 초대전 중에서 첫 번째 전시였다. 개인전에서 인위적으로 만들어 놓은 역사적 유물을 작가적 시선으로 보여 주고 있다. 특이한 점은 대상을 보고 그린 것이 아니라, 물상에 대한 관념적 이미지를 의식의 흐름에 따라 기호를 상징화하고 있다는 점이다. 상징물 속에는 하나하나의 함축된 의미가 있다. 정화성은 「시간의 회로도回路圖 앞에서 면벽하기」에서 "내부로 자리 잡은 문양들은 상과 연관된 유전적 정보처럼 감상자가 쉽게 해독하기는 힘들겠지만, 문명의 유물에서 보이는 기하학적 요소와 상징적 요소로 만다라처럼 다가온다."[36]라고 말했다. 박찬상은 "고대 유물에서 현대까지 오면서 수많은 사람들의 경외감을 나만의 방식으로 풀어내고 있다. 직설적 화법보다는 기하학적인 장식성을 보여 준다. 복잡하게 얽힌 회로도를 통해 나의 염원을 담아낸다."[37]라고 말했다.

인간존재에 대한 탐구

사물의 관찰은 눈으로 보는 것이 아니라 마음으로 보는 것이다. 마음으로 보는 것이 아니라 바로 이치理致로 사물을 보는 것이다.[38] 박찬상의 작업은 인간존재에 대한 탐구에 있다. 개인의 관점, 사회적 관점, 개인과 타인의 혼용된 관점을 화면에 옮기고 있다. 형形은 사물의 객관적 외형을 말하고, 상象은 객관 물상이 사람의 감관 중에 드러나는 지각표상을 말한다. 상은 주관적인 것이며, 사물에 대한 간결한 상징과도 같다. 형상形象은 사물의 생긴 모양이나 상태. 이와 반대로 심상心象은 감각에 의하여 획득한 현상이 마음속에서 재생된 것을 말한다. 형상예술은 조각, 회화 등과 같이 시각적인 형태를 갖춘 예술을 말한다.

박찬상, 〈화가의 초상〉, 2009,
장지 위에 먹, 52x46cm

2009년 박찬상 개인전 '형상形象을 위한 소고'전에서 〈화가의 초상〉(2009)
을 발표했다. 고흐를 그렸다. 고흐는 파이프를 물고 있고 귀가 잘린 후의 모
습이다. 작가는 고흐를 통해 자신을 찾아가고 있다.

　고흐가 나에게 어떤 의미가 있는지 생각해 본다. 지금 고흐가 살
고 있다면 어떤 생각을 하게 될까를 고민했다. 나와 오버랩되는 느낌
을 찾고 싶고 찾기도 했다. 그만큼 열정을 가진 화가이기 때문이다.
그의 열정은 과연 어디에서 나온 것인가? 붓에 감정을 싣고, 색을 통
해 이야기를 한다는 점에서는 나와 같다. 형식적인 부분은 틀려도 붓
의 촉감을 어떻게 화면에 드러내느냐의 고민이 있다. 〈화가의 초상〉
은 드로잉이나 패턴으로 고흐를 형상화했다. 작은 형상들이 모이고

붙어 있고, 어떤 때는 구체적으로 어떤 때는 추상적인 언어로 형상의 경계를 담아내고 있다. 붓 한 필까지도 의식하고 그려 내려고 하는 그런 활동을 이어 오고 있다. 작업하는 동안은 고흐와 만나 예술에 대한 해답을 찾고 싶었다.[39]

박찬상은 「작가 노트」에서 "고흐의 자화상에서 기록적인 모습이 아닌 나만의 방법으로 고흐만이 가지고 있는 진정한 모습을 찾고 싶다. 그 속에서 고흐의 자화상도 아니고 나의 자화상도 아닌, 또 고흐의 자화상이요, 나의 자화상이기도 한 중첩이 일어난다."[40]라고 말했다. 고흐라는 상象을 세운다. 형상에 반응이 들어간다. 상이 세워지면 이때부터 뜻을 세운다. 바로 입상진의立象盡意다. 박찬상은 필요한 상象을 세우고 상象 너머 자신의 진심을 담아낸다. 그의 작품은 그로테스크grotesque하면서도 전하는 메시지는 선명하다. 박찬상은 작품을 통해 자아를 확인하는 동시에 분열된 자의식을 경험한다.

모든 사람에겐 개인사個人史가 있다. 현재, 그리고 미래를 계획하고 꿈꾼다. 인물을 주로 작업했던 나에게 도시인은 좋은 모티브가 되었다. 사회의 일원으로 묵묵히 자리를 지키며 일하는 현대인에 대한 이야기를 담고 싶었다. 내 그림 속 도시인은 로봇의 형상을 하고 있으며, 편리를 위해 만들어 놓은 것에 지배를 당한다. 우리는 여전히 도시의 메커니즘mechanism에 제어되고 통제의 불편함을 느끼지 못한 채 살아가고 있다.[41]

우리의 삶은 어떤가? 우리 손목의 작은 시계가 일상을 분절分節하고, 우리

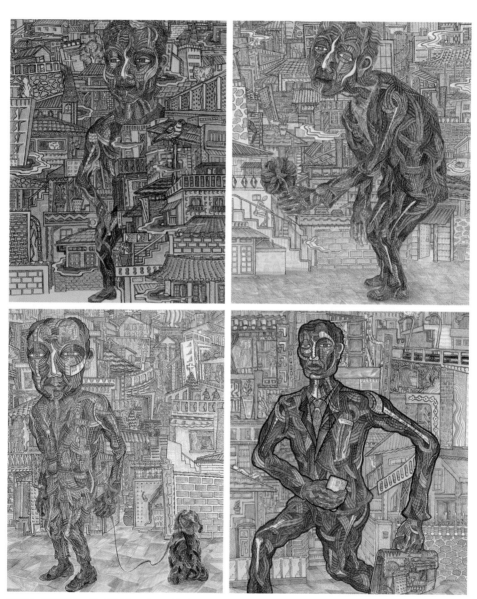

박찬상, 〈도시인 1~4〉, 2013, oriental ink, acrylic

는 사회적 시스템에 의해 기계적으로 움직이고 있다. 로봇은 인간에 의해 제어制御되고, 인간은 로봇에 의해 제어制御되고 통제된다. 그렇게 우리는 보이지 않는 통제 속에 속박되어 살아가고 있다. 도시인들은 회색 네모난 콘크리트 안에서 벗어나려는 의지도 없이 하루하루를 콘크리트 바위처럼 무거운 몸을 움직이고 있다.

박찬상의 작업은 물에 젖은 콘크리트처럼 검은빛을 띠며 수많은 이야기를 하고 있지만, 회색빛 콘크리트에 갇혀 드러나지 않는다. 세필細筆로 섬세하게 하나하나의 사건들을 옮기고 여백을 채우기도 하고 여백을 만들어 나가기도 한다. 박찬상의 작업은 현미경으로 대상을 바라보며, 그의 작품에는 하나하나의 작은 이야기들이 모여 있다.

희망을 그리다

박찬상의 콘테 작업은 자극적이다. 이는 면으로 작업을 많이 하기 때문이다. 암울한 심상 자체를 끌어안는 듯한 느낌이다. 적나라한 아픔, 그 속에서 껴안는 모습을 보여 주며 일반적으로 같은 패턴을 오버랩overlap시키기도 한다. 작가는 "작업이 막힐 때면 감정을 건드리는 콘테 작업을 끊임없이 시도한다."[42]라고 말했다. 예술은 구축이 아니다. 조작도 아니다. 공간 그리고 바깥 세계와 솜씨 좋게 관계 맺는 것도 아니다. 헤르메스 트리스메스투스의 말대로 예술이란 "알아듣기 힘든 외침, 마치 빛의 목소리인 것만 같은 그런 외침"이다. 그리고 그렇게 들려온 외침은 숨겨진 힘들을 간직한 일상적 시지각視知覺 속에서 존재 이전의 비밀을 일깨운다.[43]

2016년 북경에서 열린 박찬상 개인전에서 프랑스 비평가 장 루이 푸와트

박찬상, 〈마스크〉, 2016, 광목 위에 콘테, 215×147cm

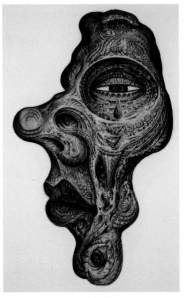

박찬상, 〈여인〉, 2016, 광목 위에 콘테, 아크릴, 193× 146cm

박찬상, 〈마스크〉, 2016, 광목 위에 콘테, 150×85cm

뱅이 쓴 「희망을 그리다Peindre l'esperance」란 비평의 글을 보자.

　　요즘 그의 작품들은 특정한 두께를 가진 잘린 남성의 실루엣들을 소재로 한다. 실루엣 위에 작가의 붓이 더해진다. 이 내적 세계에 가시적 형태를 부여하는 데 성공한 작가는 많지 않다. …… 작가 작업의 조형력은 바로 이런 사유들의 반복적인 작업을 통해 이미지를 창조해 냄으로써 드러난다. …… 박찬상의 작품을 세밀히 들여다보면 흑색을 통한 무거운 시각적·상징적 요소를 독자들에게 던져 준다. …… 작가가 구성해 낸 전체적인 이미지는 상징과 기호, 오브제와 개념, 감정과 감각의 마케터리marquetry다. 각각의 요소는 의미를 지니지만 의미를 지닌 요소들이 서로 부딪치고 만났을 때 관계를 맺는다. …… 위압적인 마스크는 내면의 감정이 외적 세계의 충돌로부터 회복하려는 인간의 의지를 환기한다. 신체의 일그러진 형상, 얼굴-마스크는 박찬상 작가의 생명의 표현이다.[44]

박찬상 작가의 형태를 만드는 힘은 물상에 대한 규정된 개념에 갇힌 것이 아니라 자신의 시선으로 재해석하는 데 있다. 그는 자연의 형태들을 그로테스크grotesque한 선과 면의 절주節奏를 통해 상감세공象嵌細工을 하듯 기호와 상징들이 섬세하게 화면에 투영하고 있다. 장 루이 푸와트뱅은 박찬상의 작품 특징을 첫째, 반복적 운동의 이미지화, 둘째, 가시적 형태로 드러내는 내적 세계라고 밝히고 있다. 작가는 끊임없이 불편함·낯설음을 통해 내면을 형상화하고 있으며, 그 속에 작지만 확실한 언어로 희망의 메시지를 전하고 있다.

빛·오브제·그림자

빛이 오브제를 만나 그림자를 만든다. 빛·오브제·그림자는 결국 하나가 된다. 박찬상은 타자他者와 자아自我 속의 경계를 의식의 흐름에 따라 무계획의 계획으로 보여 준다. 그는 자신을 드러내고, 숨기는 작업을 동시에 진행한다. 형식적으로 드러나는 성질은 다르지만 긴밀한 관계를 갖는다. 철제 프레임이 자아라고 하면 타자는 그림자다. 그림자는 조명에 따라 달라진다. 타자와 자신의 관계를 찾아가는 작업이며, 결국 하나로 수렴된다.

〈석席〉(2009)에는 빛·오브제·그림자가 한 화면에 펼쳐지고 있다. 진실을 찾기 위한 놀이와 같다. 존재론은 실재론이다. 아름다움은 고정되어 있는 것이 아니라 내 마음에 의해서 결정된다. 미술의 본질은 무엇인가? 우리는 왜

박찬상, 〈념송〉(부분), 2016, 광목 위에 콘테, 153×315cm

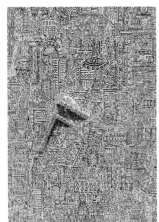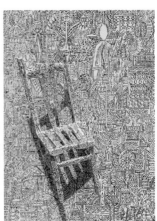

박찬상, 〈석席 1~3〉, 2009, mixed media, 19×24cm

그림에 감동하는가? 그림은 어떻게 예술적 내용을 전달하는가? 음악이 인간과 자연의 관계를 음표를 통해 음으로 감정을 전달하듯이, 그림은 인간과 자연의 관계를 기호와 상징을 통해 감정을 전달한다. 그림은 보이지 않는 내면을 물질화하고, 그 물질화된 대상을 통해 다시 내적으로 파고 들어간다. 박찬상은 결국 보이는 것과 보이지 않는 것, 상상하는 것과 실재적인 것을 서로 뗄 수 없는 하나로 일체화시키고 있다.

〈모나리자〉를 보면 형상은 보이지만 작업의 과정은 볼 수 없다. 정신적 부분, 감정의 흐름은 보이지 않는다. 작가들의 작업 과정 속에는 아픔도 눈물도 있지만 감상자에게는 보이지 않는다. 내 그림은 과정을 드러내고 있으며, 시간과 공간의 흐름을 담아내고 있다.[45]

이렇듯 박찬상은 작업의 과정을 중시하고 그 과정 안에서 인간의 희로애락을 녹여 드러내고자 노력하고 있다. 그림자가 실루엣이고, 비어 있는 사람 자체가 실루엣이다. 타자에 의해 내가 규정되는 것이고 비어 있어 보이지만 채워져 있는 것이다.

박찬상 작품은 비움과 채움의 존재론적 성찰을 통해 상象이 만들어지고 그 만들어진 상象에 의해서 타자가 반영된다. 실루엣silhouette과 그림자는 나누어져 있으면서도 혼용되어 있다. 철 작업에서 조명에 의해서 비추어지는 그림자들은 존재에 의한 반영이다. 그림자가 오히려 진실한 모습이 될 수도 있으며, 철판의 형상이 오히려 진실한 모습일 수도 있다. 진실과 허상은 항상 대립하면서도 공존한다. 무형과 유형의 담론, 존재의 모습 자체는 규정지을 수 없는 것이다.

박찬상, 〈도시인〉, 2019, steel plate(cut), painting

〈도시인〉(2019)에는 빛·철판·그림자가 있다. 철판(자아) 빛(타자, 시선)은 외부의 시선이다. 외부의 강한 빛에 의해 철판 너머 그림자는 원래 철판이 가지고 있는 고유의 색이 더욱 검게 나타난다. 그림자는 철판의 또 다른 모습이다. 그림자와 철판이 오버랩overlap되면서 혼란을 가져온다. 그림자는 빛의 방향에 의해 바뀐다. 대상은 고정되는 빛에 의해 변형되어 나타난다.

장자는 「제물론齊物論」에서 "나는 나 자신을 잊었다吾喪我."[46]라고 했다. 즉, 고착화된 나를 잊겠다는 말이다. 자신의 나타懶惰를 죽이고 진짜 자신을 발

박찬상, 〈김정은〉, 2019, acrylic on steel, 119×150×5cm

박찬상, 〈트럼프〉, 2019, acrylic on steel, 102×165×5cm

견하는 것, 그것은 새로움을 향한 출발이다. 그림은 보이지 않는 내면을 형상화한다. 그림은 단순한 물상의 집적체가 아니라 영혼탐구의 탁월한 수단이다.

품다, 인간 본연의 진실

지금 인간존재의 모습은 개인사個人史에 의해 구별되지만, 타인의 인식과 섞어 규정지을 수 없는 혼란한 모습이다. 작가는 현시대의 양면적兩面的 특성을 두 정치인을 통해 말한다.

지금의 시대는 한 가지 이념만으로 설명할 수 없으며 새끼줄처럼 꼬여 있다. 진실과 거짓, 선악, 좌우, 상하, 존비, 귀천, 자본주의와 사회주의의 대립의 모습이다. 이 작품은 진실과 허상을 말하고 있다. 역사적 진실이란 무엇인가? 이것은 내 안의 타자성他者性에 대한 이야기다. 이는 우리가 정답이라고 하는 것에 대한 역설逆說을 자본주의 시각에서 말한 것이다. 우리가 말하는 진실은 어떻게 바뀔지 모른다.[47]

이렇듯 박찬상은 현시대의 문제를 냉철하게 꼬집고 있다. 그림자는 보는 관점에 따라 다르게 나타난다. 조명이 밝으면 그림자는 짙어지고, 조명이 어두우면 그림자도 흐릿하다. 진실한 정보도 하나의 정보이고, 거짓된 정보도 하나의 정보다. 현대사회는 진실과 허상이 얽혀 있다. 어떤 것이 진실인지 허상인지 드러나지 않는다. 박찬상 작업의 얽혀 있는 실타래가 지금 우리의 모습이다. 그는 내면에 깔려 있는 인간 본연의 진실을 찾아가고 있다.

박찬상의 작품 〈소통〉(2021)에 주목한다. 작품은 빛을 통한 환영을 만들어 냄으로써 현실과 비현실, 물질과 비물질 영역에 대해 질문을 던지고 있다. 손잡이는 드러남과 드러나지 않음의 경계를 담고 있다. 〈소통〉은 자신이 생각하는 너머의 다른 공간에 대한 궁금증을 작업한 것이다. 문에서 중요한 것은 손잡이다. 손잡이를 통해 또 다른 세계로 들어간다. 지금의 공간과 그 너머의 낯섦을 향해 발을 내딛는다.

〈소통 2〉는 생명의 탄생을 말하고 있다. 〈소통 3〉은 사회문제를 해결하는 통로이다. 돈, 자본주의, 시간에 묶여 있는 사람들의 이야기다. 계급문제를 다루고 있다. 〈소통 4〉에는 문

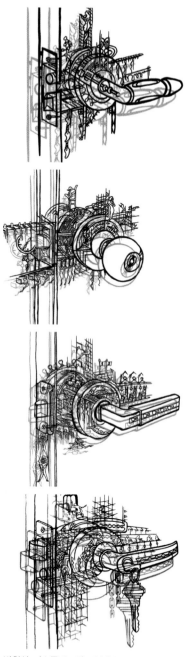

박찬상, 〈소통 2~5〉, 2021, steel

박찬상, 〈품다〉, 2016, mixed media, 270×110cm

앞에 기어를 들고 있는 두 사람이 있다. 산업사회의 메커니즘을 말하고 있다. 사람도 기계의 부속품처럼 하나의 소모품일 뿐이다. 의자는 있지만 사람이 없다. 이는 인간을 위해 만들어진 물질에 의해 인간의 자리를 잃어버리는 물질문명을 비판하고 있다. 돌아가는 손잡이를 보면 십자가에 매달려 있는 모습을 통해 벗어나고 싶지만 벗어날 수 없는 인간의 단면을 예리하게 통찰하고 있다. 〈소통 5〉에는 열쇠가 붙어 있다. 열쇠가 상징하는 것은 해결방안의 도구가 아니다. 손잡이가 소통의 도구다. 열쇠는 강제성을 의미한다. 소통의 열쇠는 열쇠가 아니라 바로 손잡이에 있다. 작가 박찬상은 끊임없이 자기만의 언어로 세상과 소통하고자 한다.

옛날 작업을 볼 기회가 없었고 이야기할 기회가 없었다. 다시 작품을 하나하나 들여다보니 어떤 맥락 속에서 때로는 충돌하고 부딪치며 희망을 놓지 않고 연결되고 있음을 확인했다. 작업을 통해 그 시대적 의미를 말하고, 그림을 통해 소통하고자 했다. 그러나 해결된 줄 알았던 문제들이 여전히 계속되고 있음을 확인했다. 지금의 문제를 다양한 서술적 언어와 매체로 끊임없이 새로운 방법을 찾아 의식의 확장을 통해 내면화하는 작업이 숙제로 남겨졌다.[48]

작가는 "의식의 확장을 통해 내면화하는 작업이 숙제로 남겨졌다."라고 말했다. 이 말은 지금보다 앞으로가 더욱 주목되는 이유다. 의식의 확장은 단순히 지식으로만 확장되는 것은 아니다. 타자와의 관계 속에서 끊임없이 소통하고 배려하고 사랑하는 마음에서 나올 수 있을 것이다.

소疏는 "막힌 것이 트이다."라는 의미를, 통通은 "길이 어떤 곳으로 서로 이어지다. 사람과 사람이 서로 뜻이 잘 전해져 이해되거나 알게 된다."라는 의미를 갖는다. 따라서 소통의 의미는 막힘이 없이 서로 통함, 또는 서로의 의사가 잘 이해되어 통함이다. 관貫의 최초의 자형은 막대기나 노끈 모양의 한두 개의 물건을 꿰고 있는 모습이다. 본래의 뜻은 '꿰다'이다. 옛날에는 조개를 끈으로 꿰어서 돈으로 사용하였으므로, 패貝를 덧붙였다. 고려가요 「서경별곡」엔 이런 구절이 있다. "구슬이 바위에 떨어진들 끈이야 끊어지겠는가." 우리는 홀로 살아갈 수 없다. 정체성을 가진 나로부터 출발하여 다양한 외적 현상과 만나고 그 속에서 삶의 가치를 찾아간다. 박찬상의 그림에는 상생과 소통이 자리한다. 그의 작품 〈품다〉(2016)는 그런 의미를 잘 보여 주는 작품이다. 〈품다〉는 구리시에서 주최한 국제디자인 페스티벌에 참여한 작품으로 높이 3m, 가로 1m로 작가와 시민들이 함께 참여하여 완성했다. 사람이 꽃을 품고 걸어가는 형상으로 미래로 향해 가는 의미를 담고 있다. 바람은 불고

박찬상, 〈elisio〉, 2022, acrylic on steel, 128×138x8cm

박찬상, 〈elisio〉, 2022, acrylic on steel, 68×130x8cm

머리카락이 흩날리고 있다. 미래로 나아가려는 '생명의 노래'는 그의 작업의 화두話頭다.

종소리, 다양한 의미

종소리에 다양한 의미를 담아낼 수 있듯이 시각적인 대상도 다양한 방식과 양태로 해석될 수 있다. 21세기 시대정신은 변화와 소통에 있다. 전통에 고착되어 있는 것을 들춰내야 한다. 이 시대에 와서는 그림도 열리고, 형식도 열리고, 감상하는 정신도 열리고, 자유롭다. 이렇듯 현대미술은 다양성에 있다. 음악은 소리로 나오기 때문에 사라져 버리지만 기호(음표)가 있으므로 형상이 만들어지고, 그림도 형상으로 드러나지만 그림 속에는 하나의 음표(기호)가 숨겨져 있기 때문에 작품 속에서 우리는 시대적 담론을 생성한다. 이것이 예술의 힘이다.

장석용과 장 루이 푸아트뱅의 말을 통해서 알 수 있듯이 박찬상은 의식의 흐름을 패턴화하는 독특한 사고와 표현 방식과 섬세한 조응력으로 인간의 비밀을 천착하려는 끈질긴 시도를 보여 주고 있다. 그의 작품세계는 깊은 어둠 속으로 침잠해 들어가면서도 생명의 끈을 놓지 않고 있다. 그래서 박찬상의 작업

박찬상, 〈배꼽시계〉, 2022, acrylic on steel, 70×44×6.4cm

은 복잡하게 얽혀 있는 세상을 향해 외친다. 살아 있음, 살아야 하는 생명성을 노래하고 있다.

미르체아 엘리아데는 『종교사 개론』에서 "나무는 확실히 그 형태로서 우주에 대한 상징이 될 수 있다. 그러나 고대의 신앙에서 나무가 우주인 까닭은 나무가 우주를 상징하는 동시에 우주를 반복하고 개괄하기 때문이다."[49]라고 말했다. 나무가 가진 신성한 힘은 나무가 수직으로 자라고, 잎이 피고 져서 수없이 죽고, 부활하기를 반복하기 때문이다. 그래서 나무는 생명을 상징한다. 그는 의미 있는 형식을 통해 생명을 노래하고 있다.

생텍쥐페리의 『어린 왕자』에서 여우가 어린 왕자에게 말했다. "비밀을 알려 줄게. 아주 간단해. …… 오로지 마음으로 보아야만 정확히 볼 수 있어. 가장 중요한 것은 눈에 보이지 않는 법이거든." 어린 왕자는 말한다. "내게 마음대로 사용할 수 있는 53분이 있다면 신선한 샘물을 향해 천천히 걸어갈 텐데.", "사막이 아름다운 것은 어딘가에 샘물을 감추고 있기 때문이다."

박찬상의 그림은 희망을 노래하고 있다. 그는 지금 자신의 이야기를 작품을 통해 풀어내고 있다. 세상을 보는 진지한 성찰의 자세는 한 올 한 올 옷을 짜듯이 얽혀 있는 듯하지만 그 옷이 완성되면 추운 겨울을 녹이듯 편안하다. 박찬상의 작품에서 보여 주는 소통의 방식이 주변과 내면의 성찰을 통해 누에에서 실이 풀어져 나오듯 자연스럽게 펼쳐지고 있다.

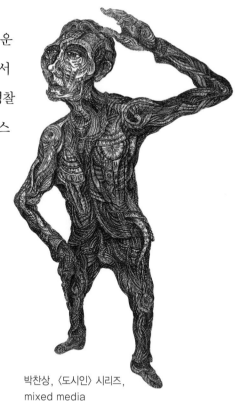

박찬상, 〈도시인〉 시리즈, mixed media

미주

1 박찬상, 「한국에서 전업작가로 살아가는 길」, 『한국예술발전을 위한 회고와 전망』, 한국예술평론가협의회 2022 춘계심포지엄, 2022, p. 171.

2 박찬상 작가와의 대화, 연희동 박찬상 작업실, 2022. 5. 3.

3 박찬상 작가와의 대화, 연희동 박찬상 작업실, 2021. 10. 13.

4 박찬상 작가와의 대화, 연희동 박찬상 작업실, 2021. 10. 13.

5 박찬상 작가와의 대화, 연희동 박찬상 작업실, 2021. 10. 13.

6 박찬상 작가와의 대화, 연희동 박찬상 작업실, 2021. 10. 13.

7 헹크만, 로터, 김진수 역, 『미학사전』, 예경, 1999, p. 380.

8 주양지, 서진희 역, 『인문정신으로 동양예술을 탐하다』, 알마, 2014, p. 418.

9 이상, 「거울」.

10 마이클 버드, 김호경 역, 『예술을 뒤바꾼 아이디어 100』, 시드포스트, 2014. p.88.

11 장석용은 현재 한국예술평론가협의회 회장이고, 제6대 국제영화비평가연맹 한국본부 회장을 역임했다. 2008년 한국문화예술상, 2005년 교육인적자원부장관상을 수상했다. 현재 한국예술평론가로 활동 중이다.

12 장석용, 「미래의 한류스타, 박찬상(한국화가)」.

13 장 루이 푸아트뱅Jean-Louis Poitevin(1955~)은 작가이며 예술비평가이다. 그는 소르본대학에서 철학박사학위를 받았으며, 현대예술 특히 문학에 대한 많은 저서와 논문이 있다. 2005년부터 이미지에 대한 세미나를 주도하고, 빌렘 플뤼세, 월터 벤야민, 질베르 시몽동을 집중적으로 연구하고 있다. 프랑스와 전 세계를 돌며, 특히 한국 예술가(이불)들에 대한 많은 글을 쓰고 있다. 1996년부터 한국에 오기 시작해서 2010년에는 원주 토지문화관의 초청으로 여덟 번째 내한해서 두 달간 원주에서 글을 쓰기도 했다.

14 장 루이 푸아트뱅, 「희망을 그리다」, '박찬상 개인전', 北京國粹美術館, 2016.

15 모리스 메를로 퐁티, 김정아 역, 『눈과 마음』, 마음산책, 2008, p. 100.

16 박찬상 작가와의 대화, 연희동 박찬상 작업실, 2021. 10. 21.

17 쿄카즈오는 일본 엔가협회 관계자이며 가수로 활동하고 있다. 세계적으로 난민구원 봉사와 기아들을 위한 봉사활동을 하고 있다. 박찬상 작가와의 대화, 연희동 박찬상 작업실, 2021. 10. 25.

18 김진엽, 『예술에 대한 일곱 가지 답변의 역사』, 책세상, 2018, pp. 55-58.

19 박찬상 작가와의 대화, 연희동 박찬상 작업실, 2021. 10. 25.

20 박찬상 작가와의 대화, 연희동 박찬상 작업실, 2021. 10. 25.

21 마이클 버드, 김호경 역, 『예술을 뒤바꾼 아이디어 100』, 시드포스트, 2014, p. 80.

22 박찬상 작가와의 대화, 연희동 박찬상 작업실, 2021. 10. 25.

23 박찬상, 「작가노트」, '상과 공간의 갈등', 2006.

24 박찬상 작가와의 대화, 연희동 박찬상 작업실, 2021. 10. 28.

25 박찬상 작가와의 대화, 연희동 박찬상 작업실, 2021. 10. 28.

26 영화 「매트릭스」 대사 중에서. 영화 매트릭스는 인공 두뇌를 가진 컴퓨터AI: Artificial Intelligence가 인간을 지배하는 세계에 관한 이야기다.

27 장석주, 『느림과 비움의 미학』, 푸르메, 2010, p. 20.

28 프라우투스, 「애가」.

29 투이아비, 최시림 역, 『빠빠라기: 처음으로 문명을 본 사모아의 추장 투이아비 연설집』, 정신세계사, 1990, p. 138.

30 박찬상 작가와의 대화, 연희동 박찬상 작업실, 2021. 10. 28.

31 박찬상 작가와의 대화, 연희동 박찬상 작업실, 2021. 10. 28.

32 주양지, 서진희 역, 『인문정신으로 동양예술을 탐하다』, 알마, 2014, p. 312.

33 "三十輻同一轂 當其無 有車之用也延埴爲器 當其無 有埴器之用也. …… 故有之以爲利 無之以爲用". 노자, 『도덕경』 제11장.

34 박찬상 작가와의 대화, 연희동 박찬상 작업실, 2021. 10. 25.

35 박찬상 작가와의 대화, 연희동 박찬상 작업실, 2021. 10. 28.

36 정화성, 「시간의 회로도 앞에서 면벽하기」, 中國北京橋畫廊, 2008.

37 박찬상 작가와의 대화, 연희동 박찬상 작업실, 2021. 10. 25.

38 장파, 신정근 외 역, 『중국미학사』, 성균관대학교출판부, 2019, p. 673.

39 박찬상 작가와의 대화, 연희동 박찬상 작업실, 2021. 10. 28.

40 박찬상, 「작가노트」, '형상을 위한 소고, 나는 누구인가', 갤러리통큰, 2009.

41 박찬상, 「한국에서 전업작가로 살아가는 길」, 『한국예술발전을 위한 회고와 전망』, 한국예술평론가협의회 2022 춘계심포지엄, 2022.

42 박찬상 작가와의 대화, 연희동 박찬상 작업실, 2021. 10. 21.

43 모리스 메를로 퐁티, 『눈과 마음』, 마음산책, 2008, p. 116.

44 장 루이 푸아트뱅, 「희망을 그리다」, '박찬상 개인전', 北京國粹美術館, 2016.

45 박찬상 작가와의 대화, 연희동 박찬상 작업실, 2021. 10. 28.

46 "자기가 말했다. '언아 또한 참으로 훌륭하지 않은가? 네가 이런 질문을 하다니! 오늘 나는 나를 잃었는데 너는 그것을 알겠느냐? 너는 사람의 소리는 들었으되 땅의 소리는 아직 못 들었을 것이다. 너는 땅의 소리는 들었으되 하늘의 소리는 듣지 못했을 것이다'子綦日, 偃 不亦善乎 而問之也! 今者吾喪我, 汝知之乎? 女聞人籟而未聞地籟 女聞地籟而未聞天籟夫!". 『장자莊子』, 「제물론齊物論」.

47 박찬상, 「한국에서 전업작가로 살아가는 길」, 『한국예술발전을 위한 회고와 전망』, 한국예술평론가협의회 2022 춘계심포지엄, 2022.

48 박찬상 작가와의 대화, 인사동 방앗간, 2021. 11. 3.

49 조르주 장, 김형진 역, 『기호와 언어』, 시공사, 1999 참조.

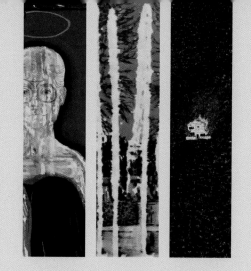

Korea
Contemporary
Artist

일상의
사유

유근택

Korea
Contemporary
Artist

유근택

Yu Geun Taek, 1965~

충남 아산에서 태어나, 홍익대학교 미술대학 동양화과를 졸업했다. 1991년 관훈미술관에서 40여m 의 〈유적-토카타, 질주〉를 포함한 대작들을 발표하고 주목받았다. 1995년 동 대학원에 입학, 이 시 기에 관훈미술관 전관에서 6명의 개인전 성격의 전시인 '일상의 힘 체험이 옮겨질 때'전을 기획하여 일 상성에 대한 문제를 제기했다. 유근택은 자신과 관계 맺은 체험적 깨우침을 통해 '일상' 속 '지금', '여 기'라는 주제에 매진 '동양화의 현대화'라는 해묵은 과제를 푼 작가라는 평가를 받고 있다. 2014년 OCI 미술관 초대전 '끝없는 내일'전, 2017년 갤러리현대 '어떤 산책' 등 20여 회 전을 개최했다. 국 립현대미술관(과천) '시대를 보는 눈', 싱가포르 파크뷰 미술관(싱가포르), 니가타 반다이지마구 해안 가(일본 니가타) 등 주요 국내외 기획전에 참여했고 2016년 일본 타마미술관에서 '소환되는 회화의 전 량'이라는 타이틀로 대규모 전시를 개최했다. 2000년 석남미술상, 2003년 오늘의 젊은 미술가상, 2009년 하종현미술상, 2017년 광주화루 작가상, 2021년 이인성미술상을 수상했다. 작품은 타마미 술관, 챵두미술관, 국립현대미술관, 삼성미술관리움 등 국내외 주요 미술관에 소장되어 있다.

비상飛上을 위한 나비의 몸짓

산을 높게 보이려 하면 산허리에 구름 한 조각을 그려 어렴풋하게 산을 가리면 산은 드러나고자 하면서도 오히려 감춘다. 이렇게 해야 높은 산을 그릴 수 있다. 유장하게 흘러가는 강물을 그리려면 숲이 흐르는 물을 가리도록 하여 끝을 알 수 없게 함으로써 유장한 물의 흐름을 표현할 수 있다. 작가는 드러남과 드러나지 않음 사이의 경계를 담아낼 수 있어야 한다. 유근택 작가는 화면의 밀도감을 안으로 숨기면서 대비를 통해 내면화시키고 있으며, 일상의 서정적인 언어를 서사적으로 풀어내고 있다.

산수화를 그린 중학생 유근택, 그는 재능 많은 어린 예술가였다. 중학교 2학년 때 방학 숙제로 초벌구이 접시에 수채화 물감으로 산수화를 그려 갔다.

그림 접시가 그림을 그리게 된 계기가 된 것이다. 이를 계기로 그

유근택, 〈휴休〉, 1982,
한지에 수묵채색, 100×125cm

림에 대한 호기심에 자연스럽게 화실을 찾아 『개자원 화전』을 모사
했다. 그림공부를 하고 있다는 것을 알게 된 선생님이 개인전을 권해
중 3 때 30여 점으로 교내에서 '유근택 개인전'을 하게 되었다. 그런
하나하나의 일들이 나를 그림 세계로 밀어 넣었다.[1]

유근택은 1982년 고등학교 2학년 때 처음으로 출품한 국전에 입상한다.
작품이 국립현대미술관에 전시되었다. 그러나 고등학생이라는 이유로 3일 만
에 작품이 내려졌다.

1982년 고등학교 2학년 때 전시 첫날 시상식장에 갔다가 우연히
이경성 관장을 만나 관장실에서 대화를 나눴다. 이경성 관장은 따뜻
하게 대해 주었고, 작품을 보고 격려해 줬다. 그는 베르나르 뷔페Bern
ard Buffet(1928~1999)의 예를 들면서 작가로서 갖춰야 할 자세를 말해
주었다.[2]

유근택 '고교생 입상취소 소동'은 당시 문화예술계에 화제가 되어 신문에 특필되었다. 그는 자연스럽게 미술대학에 진학하게 되었다. 유근택이 다니던 1980년대 대학가는 정치적 격변기였다. 유근택은 "나와 가까운 언어가 무엇인가?"에 대한 질문을 끊임없이 제기했다.[3] 그는 지금 바로 여기, 자신의 문제에 집중한 것이다. 그의 화두는 바로 시대를 직시直視하는 눈이다. 이렇듯 유근택의 대학 시절은 어떤 그림을 그려야 하는가, 무엇을 담아내야 하는가에 대한 고민의 시간이었다.

> 대학 4년 때 호암미술관에서 박생광(1904~1985)의 개인전을 봤다. 기존에 봤던 형식적인 틀이 아니라, 본능적인 에너지를 건드리는 힘을 느꼈고, 공간의 구조적인 힘과 밀도감에 매혹되었다.[4]

유근택은 한국의 전통적 소재를 화폭에 담아 오고 있는 박생광을 통해 색채·형상·공간에 본능적인 인간의 감정과 회화적 정서를 자극하는 힘을 느꼈다. 작품은 화가의 생각이 열린 정도에 따라 그 높이나 깊이를 드러낸다. 열린 사유를 하는 화가가 되기 위해서는 세계를 발견하는 새로운 시각과 함께 수련이 동반되어야 한다. 화가에게 그림은 바로 자신을 표현하는 언어 형식이기 때문이다.

자화상은 자신을 재현의 대상으로 삼아 그리는 것으로 내면의 모습을 끌어낸다. 그래서 자화상은 화가 개인의 얼굴이지만, 동시대를 사는 우리 모두의 얼굴을 대변하기도 한다. 유근택 작품 〈나〉(1990)에 대해 그는 "인간이 어쩔 수 없이 직면할 수밖에 없는 억압된 현실에 대한 자화상으로, 젊을 때 어둠의 터널을 걷고 나온 시기의 작품이다."[5]라고 말했다.

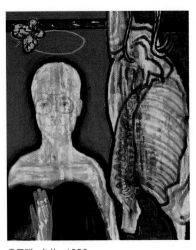

작품 〈나〉는 나비, 화자, 갈고리에 걸린 고깃덩어리가 화면을 차지하고 있다. 빨강과 검정의 색의 대비에서 불안감과 사회의 통념에 대한 강렬한 저항 의지를 느낄 수 있다. 시퍼렇게 차디찬 권력의 사슬 앞에서 어쩔 수 없이 알몸으로 버티고 있는 한 사람이 있다. 그에게 희망이란 저 나비의 날개짓만큼이나 여리디여리다. 그렇게 작가는 비상飛上을 위해 작은 날개를 조심스럽게 펼치고 있다.

유근택, 〈나〉, 1990,
종이에 수묵채색, 117×91cm

작은 세계와 큰 세계

비가 내리고 있다. 어린 나비 한 마리가 물에 젖었다. 나비는 어디서 왔으며 어디로 날아가는가? 나비 한 마리가 또 다른 비상을 위해 날개를 펴고 있다. 멕시코 숲에서 겨울을 보낸 후 3월이면 다시 북상을 시작한다. 마침내 고향에 도착한 나비는 지난가을 출발한 나비의 후손이다. 종족 보존을 위해 유전자에 깊이 새겨진 본능이다. 우리는 반복된 일상의 사소한 축적으로 끊임없이 대를 이어 순환한다. 이렇듯 자연의 힘은 위대하고 생명의 순환은 경이롭다.

유근택은 사소한 일상daily life을 포착해 작가만의 시선으로 재구성해 화면에 옮겨 내고 있다. 일상의 삶은 하루하루가 비슷하게 반복되는 경험의 연속으로 일상에서 겪는 일을 사람들은 당연하게 여긴다. 우리가 인식하지 못해도 일상 속에는 사소한 즐거움이 있으며, 잊기 아쉬운 특별한 일들이 있다.

유근택은 이런 사소하고 특별한 일상을 포착해 화면에 펼친다.

예전에는 일상과 예술이 분리되지 않았다. 예술이 삶과 분리되지 않은 상태였던 〈반구대 암각화〉와 같은 원시미술이 이를 잘 보여 준다. 예술이 삶과 분리된 것은 종교, 정치적 이념과 만나면서부터이다. 현대에 들어와서 일상공간에서 흔히 볼 수 있는 대상물을 예술로 끌어들였고, 예술적 대상과 생산물, 혹은 일상적 대상들과의 경계를 허물고 있다. 일상이 사회적 구조와 문화적 틀 속에서 작동하고 있다는 것을 부인할 수 없다고 해도, 일상 속에는 기본적인 삶의 토대가 되어 주는 원초적인 힘이 있다.

유근택이 추구하는 예술세계는 일상성이나 일상적 대상이 가지고 있는 그 본질적 자체에 주목한다. 유근택의 작업은 평범한 주변의 풍경, 현상들을 때로는 직설의 언어로, 때로는 은유적 표현으로 드러낸다. 그는 현실 속에서 일상적이며 반복적으로 느끼는 경험이나 감정들을 독립된 현상과 인식으로 치환置換시키고 있다.

사물은 함부로 자신의 구조를 드러내지 않는다. 내가 오감五感을 열고, 가장 밑으로 침잠해 들어갔을 때만이 구조構造와 만날 수 있다. 그렇게 해서 만나는 지점이 내 작업의 시작이 된다. 나의 일상은 바로 여기에서 시작되는 것이다.[6]

유근택이 말하는 일상은 단순한 일상의 반복을 의미하는 것이 아니다. 상상의 세계, 서정의 세계로 일상의 모습을 회복하려는 염원을 담고 있다. 현대사회의 도처에서 일어나고 있는 현상을 작가의 시선에서 바라보고 있으며, 그것을 자신만의 회화적 언어로 화면에 옮기고 있다.

유근택, 〈유적, 혹은 군중으로부터〉(부분), 1991, 한지에 수묵채색, 265.5×638cm, 국립현대미술관

1990년대 한국의 미술시장은 경제 불황과 미술품 과세논쟁 등의 여파도 있었지만, 미술의 대중화 시대를 여는 시기이기도 했다. 1990년대 독일 신표현주의, 이탈리아 트랜스 아방가르드, 미국의 뉴페인팅이 세계의 흐름을 주도해 오고 있다. 이런 흐름 속에서 한국 사회에도 포스트모던 물결이 일고 있었다.

1990년 결성된 엑트ACT는 권세형, 김선형, 손영남, 유근택, 이만수, 이진용 등이 참여하여 바탕골미술관에서 첫 전시를 열었다. 엑트ACT는 현대 동양화에 적극적으로 참여하자는 의미로 현대성, 표현적 자유, 표현적 개방을 표방標榜하며 결성됐다.

유근택은 1991년 26세에 첫 개인전을 시작한다. 국립현대미술관에 소장된 〈유적, 혹은 군중으로부터〉는 역사성에 초점을 맞춘 작업으로 병영에서 잠자고 있는 장면을 표현한 것이다. 대학 때부터 고민해 왔던 평면과 공간과 시간에 대한 문제를 실험했다.

〈유적, 혹은 군중으로부터〉는 유적, 잠자는 사람들, 수많은 지나간

사람들을 화면에 펼쳐 놓음으로써 군중이라는 에너지가 역사의 움직임과 함께 드러나고 있으며 젊은 날의 불안, 심리적 어둠에 대한 잠재의식이 작품 속에 내재되어 있다. 어둠 속 출구를 찾을 수 없을 것만 같은 심정을 표현한 것이다. 나의 자의식과 사회문제를 병치竝置하여 보여 준다.[7]

첫 번째 개인전에서 정연하고 가지런한 굵은 먹선으로 윤곽을 뚜렷하게 살려 낸 일련의 회화 작업은 그의 출발이 탄탄한 사실적 조형에 근간하고 있다. 유근택의 40m 작품은 일제부터 현대까지 달려오면서 벌어지는 시간성과 공간성을 담고 있다. 일제강점기, 6·25 전쟁, 근대화과정 속에서 제어할 수 없는 폭주 기관차처럼 달리는 사람들, 시간의 속도, 지금 현대의 미디어에 의해서 사건화되어 가는 과정을 역동적으로 보여 주고 있다.

미술평론가 오광수는 1992년 「7월 공간, 신진작가 추천의 글」에서 유근택에 대해 내재적 힘과 리듬으로 기존의 풍조와 다른 새로운 변화를 만들어 가고 있다고 말했다.

유근택의 화면에서 특기할 점은 강인한 필선에 의한 구성이다. 내재적인 힘의 극히 자연스러운 결구에 의해 전체의 구성을 마무리 지우는 독특한 일면은 가히 인상적이다. 그가 선택하고 있는 소재적 범주는 극히 일상적이면서 강한 메시지를 동반하는데, 이 강한 메시지가 바로 내재적 힘의 리듬에 의해 획득되고 있다. 지금까지 지나치게 먹의 번짐, 응축, 미묘한 톤의 변화에서만 구성적인 요인을 이끌어 내려고 했던 풍조와는 대단히 이질적이다. 힘 있는 운필의 회화가 절

실히 요청되고 있는 시점에서 그의 작업은 하나의 응답이 될 수 있다
고 생각한다.[8]

오광수는 강한 필선으로 내재적 리듬을 획득하고 있으며, 일상적이면서 강
한 메시지를 동반하고 있다는 점에 주목하고 있다. 거친 붓질의 강한 먹선으
로 역사의 장면들을 담아낸 1994년의 금호갤러리 개인전에서는 문자로 남겨
진 역사를 사소한 일상의 사건 속에서 잡아내려 했는데, 당시의 유근택은 먹
선의 강렬한 형식미를 칼맛으로 되살린 목판화 연작을 선보이는가 하면, 모
필사생毛筆寫生을 통해 사실적인 풍경화를 보여 주기도 했다.[9] 이와 같이 유
근택은 강한 필선으로 모필사생의 중요성을 말하고 있다.

유근택은 1995년 일상성에 대한 화두로 고민했다. 1996년 관훈미술관에
서 '일상의 힘, 체험에 옮겨질 때' 기획전을 열었다. 여섯 명이 모여 개인전 형
식으로 열린 전시였다. 김완식, 박재철, 박종갑, 박병춘, 유근택, 이진원 등으
로 그들은 당시 현대미술 속 동양화의 출구에 대해 고민했다.

일상에 대한 용어 자체는 당시만 해도 생소했다. 동양화단뿐 아니
라 우리나라 미술계에서도 일상이라는 용어가 민중이란 용어 다음으
로 새로운 것이었다.[10]

유근택, 〈유적 토카타-질주〉, 1991, 한지에 수묵채색, 265×3,293cm

1995년 개인전은 인간의 정서, 내면의 울림에 대한 문제에 초점을 맞춰 발표했다. 그 출발에는 할머니와의 대화가 있었고, 할머니를 통해 그림 속 시간의 언어를 포착했다.

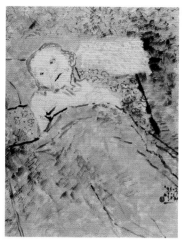

> 할머니는 한국 근현대를 종횡으로 살아오신 분이다. 일제 때부터 느꼈던 현실 상황, 가족사 등을 말해 줬다. 할머니와의 대화에서 한 사람의 역사를 느꼈다.[11]

유근택, 〈할머니〉, 1995

유근택은 할머니께서 돌아가시기 직전까지 할머니 앞에서 드로잉을 했다.

> 그 당시에 할머니 드로잉을 하면서 '수묵만 가지고도 할머니의 호흡, 방 안의 공기, 그런 것조차도 작업의 메타포가 될 수 있구나.' 느꼈고 먹이라는 것에 대해 자신감을 가지게 되었다.[12]

유근택은 1995년에 대학원에 입학한다. 대학 졸업 후 8년 만이다. 대학원 과정 이후에 한동안은 그림에서 종이의 물성 자체에 주목했고, 그의 예술에

대한 관점은 대상에 대한 치밀한 관찰과 인간의 문제에 초점이 맞춰져 있었다. 그는 "인간의 내면의 울림을 어떻게 화면에 드러낼 것인가가 제일 큰 화두였다."[13]라고 말했다. 매체로는 작가가 요구하는 것을 표현하기에는 한계가 있었다. 그래서 화선지와 수묵이 엉켜지게 하면서 요철, 얼룩 효과를 끄집어내어 물의 수용성, 물에 스며 들어가는 장치에 초점을 맞춰 작업한다. 먹이 가지고 있는 힘, 그 가능성을 느낀 것이다. 그때 본격적으로 모필소묘를 끌어들인다.

> 모필소묘는 밖으로 나가 대상과 마주하는 장치다. 모필소묘는 어떻게 보면 대상과 내가 만나는 최초의 대화이고 기록이다. 모필소묘가 어떻게 회화로 나갈 수 있는 것에 대한 시각적 독해 방식이다. 할머니를 그리면서 모필소묘에 대한 자신감이 생겼다. 할머니의 거친 숨소리, 누워 있는 방, 말라 가는 얼굴, 방 안의 공기조차도 내 손을 타고 나가는 것 같은 체험을 했다. 직접 풍경을 그리면서 모필소묘라고 하는 것을 끌어들여 화면으로 확장시키는 기법적인 고민을 1998년까지 하게 된다.[14]

새벽 햇볕이 내리쬐는 산 숲에는 한 조각 정적이 흐른다. 숲속의 나무들은 산을 뒤덮고 있으며 구불구불 산속 좁은 길을 따라 천천히 걸으며 나아간다. 산길은 휘돌고 숲은 빽빽하며 새벽이슬은 방울져 있고 산새들은 지저귄다. 유근택은 2000년에서 2002년까지 〈앞산연구〉 시리즈를 선보인다. 〈앞산연구〉는 파주 하제마을 앞산의 정경을 담고 있다. 익숙하고 사소한 풍경이 작가의 시선으로 들어왔고, 궁금증을 가지고 관찰한다. 마음의 흐름은 외부

파주 하제마을

에서 내부로 흐르고, 내부에서 외부로 흐른다. 하루하루 일기를 쓰듯 그렇게 쌓이다 보니 같은 산의 모습이 사계절 시시각각 변화하는 흐름에 따라 다르게 다가오는 모습을 포착해 작업한 것이다.

유근택의 〈앞산연구〉 시리즈를 보면 눈, 비, 해가 뜰 때, 여름 한낮의 더위, 비 온 날 풍경 등이 파노라마처럼 펼쳐져 있다. 구상이 추상화되고, 추상이 구상화되는 풍경의 역설을 마주하게 된다. 그 속에서 작가는 또 다른 자연과 마주하게 된 것이다.

유근택의 작품에는 삶의 리얼리티가 담겨 있다. 그는 화구를 들고 현장으로 달려간다. 지필묵으로 자신이 부딪치는 대상과 호흡한다. 아현동 일대 도시풍경을 그린 현장 모필소묘, 〈창밖을 나선 풍경〉, 특히 〈길 혹은 연기〉, 〈지하철〉, 인천을 그린 〈도시풍경〉, 파주 하제마을의 〈앞산연구〉 등의 작품이 이렇게 해서 만들어졌다.

유근택의 그림의 특징은 자연의 변화 속에서 만들어지는 시간성과 공간성을 찾아내고 작가만의 시선으로 포착하는 데 있다. 긴 호흡을 가지고 누구나 볼 수 있지만 쉽게 드러나지 않은 현상을 화폭에 옮기고 있으며, 대상과 작업의 이면에 일어나고 있는 문제를 관찰하고 화폭으로 옮긴다.

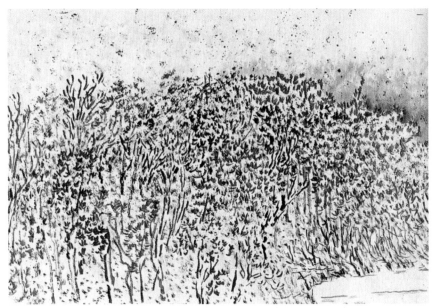

유근택, 〈앞산연구〉 시리즈, 2000~2002, 한지에 수묵, 75×105cm

일상을 사유思惟 속으로

유근택은 일상을 사유 속으로 끌어들여 선과 색을 듣고, 보고, 읽을 수 있는 경계의 확장을 시도하고 있다. 1997년 〈분수, 혹은 당신은 행복하십니까〉는 덕수궁 석조전 앞 분수대의 주변 모습을 담고 있으며, 분수에서 보여 주는 정경이 부드러운 색조와 어울리고 있다.

한예종에서 수업을 하고 점심시간에 커피 마시러 분수대에 갔다. 분수에서 물이 솟는 모습이 풍경을 분절分節하고 있다는 인상을 받았다. 그런 풍경이 재미있었다. 분수가 올라감으로써 풍경을 자르기도 하고 부수기도 했다. 이것도 역발상이다. 떨어지는 것이 아니고 위로 솟는 인위적인 것이 나를 일으켜 세우는 장치이기도 했다.[15]

〈분수, 혹은 당신은 행복하십니까〉에서는 벤치에 앉아 있는 사람들의 일상의 풍경을 모필소묘로 작업했다. 부분 부분의 대상에 대한 축적된 결과물이 쌓여 하나의 작품으로 완성된 것이다.

벤치에서 분수를 바라보고 있으면 무척 흥미로운 풍경을 발견하게 된다. 그 물줄기로 인해 예기치 않게 풍경에 진동을 만들어 내고,

유근택, 〈분수, 혹은 당신은 행복하십니까〉, 1997, 수묵채색, 180×443.5cm, 국립현대미술관

유근택, 〈분수〉, 2008,
한지에 수묵채색, 135×135cm

풍경을 분해하고 자르기도 한다.[16]

폭포는 위에서 아래로 떨어지지만, 분수는 아래에서 위로 솟구친다. 솟구치는 물줄기가 공간을 분할한다.

유근택은 1997년부터 목판 작업에 몰두한다. 그는 "목판 작업은 속도와 관련이 있다. 칼은 순간적인 힘을 끌어내는 도구다. 그래서 모필과 칼은 닮아 있다. 즉, 일획성―劃性 호흡과 닮아 있다. 그래서 목판은 모필소묘와 닮아 있다."[17]라고 했다. 2002년 「작가 노트」에서 "나는 목판과 자화상을 통해 나의 내부에서 움직이고 있는 감정과 호흡을 연결시키는 작업을 진행시킬 때가 있다."[18]라고 말했다.

유근택은 1998년 〈지하철〉 시리즈를 발표했다.

〈지하철〉 작업의 동기는 단순하다. 지하철을 탔을 때 낯선 공간,

유근택, 〈지하철〉, 1998,
130×160cm

긴장되는 공간, 엄청난 속도로 달리는 지하의 공간, 탈출할 수도 없
는 그런 공간에 내가 있다는 것, 그런 낯선 공간이 흥미로웠다. 그래
서 지하철 안의 다양한 모습을 스케치했다.[19]

영국의 사실주의 화가 도미에는 가난과 역경에 시달리는 군중의 모습을
적나라하게 묘사하고 있다. 대담하고 자유롭게 화면을 구성하거나 생략하면
서도 표현하고자 하는 본질을 놓치지 않는다. 숙련된 드로잉 솜씨와 현상에
대한 날카로운 시각을 가졌기 때문이다. 유근택의 〈지하철〉 시리즈는 도미에
의 〈삼등열차〉를 보는 듯하다. 지하철은 폐쇄된 공간이다. 그 공간 속에서 제
어장치 없이 질주하는 한 치 앞도 볼 수 없는 세계를 향해 내달리고 있다. 문
명의 광기다. 그러나 그 속에 사람들의 시선은 평온하다. 외부의 어두움은 불

안감을 느끼게 한다. 그러나 내부는 사람들이 신문을 보거나 담소를 나누며 평온하게 앉아 있다. 작가는 내부와 외부의 대비를 통해 일상의 양면을 예리하게 포착하고 화면에 옮겨 내고 있다.

1999년 원서갤러리 전시에서 유근택은 그동안 고민해 오고 있었던 모필소묘의 매체나 기법적인 부분이 크로스오버Cross-over된 접합점을 만들어 내고 있다.

아파트 창문 너머로 시간의 흐름에 따라 사람들이 때론 분주히 움직이고 느리게 움직이는 모습을 본다. 그런 단순한 하루하루의 일상이 내 눈에 들어왔다. 며칠을 두고 찬찬히 그 모습을 관찰했다. 지나가는 한 사람 한 사람에게서 알 수 없는 묘한 느낌을 받았다. 언제부턴가 그런 일상의 풍경을 드로잉하기 시작했다. 이것은 일종의 관찰이다. 관찰은 하되 내가 보고 있는 눈높이에서 외부의 대상이 내 마음과 합치되는 선이 만들어지기를 바랐다. 똑같은 일상에서 보이는 하나하나의 사건들이 13점의 작품으로 탄생됐다. 작품들은 영화 속 파노라마가 펼쳐지듯 스토리를 가지고 있었다. 전통적 기법을 쓰고 있는데도 전혀 다른 개념의 회화로 나타난 것을 보고 흥미로웠다.[20]

1999년 원서갤러리 개인전에서 보여 준 10m짜리 대작 〈맹인을 이끄는 맹인〉은 먹과 모필을 완숙하게 다루면서 역사적인 모티브를 가지고 서사적인 이야기를 끌어왔던 1990년대 중후반까지의 표현주의 경향의 작업에 방점을 찍는 작품이다. 또한 이 기념비적인 작품은 거친 붓질과 선묘 중심의 격정적인 화면 운용으로 전통회화의 기법과 재료를 이어 낸 계승자 유근택의 입지를 굳혀 준 효자 작품이기도 하다.[21] 유근택은 "작품 〈맹인을 이끄는 맹인〉의

유근택, 〈자화상〉, 1997

제작 동기는 우연히 보게 된 브뤼겔의 화집이다. 여기에서 〈소경의 비유〉라는 작품을 보게 되었는데, 매우 상징적이면서도 비극적인 상황을 느꼈다. 이런 상황을 천이 팽팽하게 당겨지고 무너지는 성질을 이용한 작업으로 표현한 것이다."[22]라고 말했다. 이 작품에서는 타자에 대한 작가의 따뜻한 시선을 읽을 수 있다.

소묘와 그림은 바깥의 안이고, 안의 바깥이며, 감각함의 이중성을 가능케 한다. 봄과 보임, 만짐과 만져짐, 감각함과 감각됨 등의 기묘한 교환 체계를 실감하자마자 모든 회화의 문제가 나타난다.[23] 소묘와 그림이 바깥의 안이고 안의 바깥이라는 이야기는 사물(바깥)이나 인간(안)의 어느 편에도 속하지 않으면서도 양쪽을 거머쥐고서 이끈다는 것이다. 사물들이 우리의 몸과 교접하듯 전해 주는 질감, 빛, 색채, 깊이 등을 먼저 느낀다는 것이다. 본래 시선(봄)과 사물(보이는 것)이 같은 뿌리에서 출발했기 때문이다. 존재하는 것보다 우리가 보고 보게 하는 것이다.

그림은 시간·공간·에너지·형태를 담아내는 예술형식이다. 그 중심에 인간의 오감五感이 작동한다. 유근택은 오감을 작동하여 대상을 인식하고 상상적 직관을 발휘한다. 그림은 보이지 않는 내면을 물질화하고 그 물질화된 대상을 통해 다시 구체성을 드러낸다. 마침내 보이는 것과 보이지 않는 것, 상상하는 것과 실재하는 것을 뗄 수 없는 하나로 만들어 화면 속에 펼쳐 내고 있다.

보이는 것과 보이지 않는 것

눈이 형태를 보는 것이 아니라 밝음과 어둠, 색채 모두 눈으로 한 대상을 다른 대상으로부터 그리고 대상의 부분들을 서로 간에 구분케 하는 그 무엇을 만들어 낸다. 그래서 밝음, 어둠, 색채는 가시의 세계를 구성하며 회화를 가능케 한다.[24] 플로토노스는 "눈이 태양과 같지 않다면, 우리는 빛을 어떻게 볼 수 있겠는가? 신성이 우리를 어떻게 매혹시키겠는가?"라고 말했다. 눈 속에 빛이 깃들어 있어 내부, 외부에서 아주 미세한 자극이라도 주어지면 그것이 촉발된다. 우리는 암흑 속에서 상상력에 의해 가장 밝은 영상들을 불러일으킬 수 있다. 따라서 색채란 시각과 연계되어 있는 규칙적인 자연현상이다.[25]

유근택은 2000년 이경성 관장의 호를 딴 석남미술상을 수상한다. 그해 석남미술상 수상 기념전이 모란미술관에서 열렸다. 그는 이곳에서 〈다섯 개의 정원〉 시리즈를 발표한다. 이 작품은 파주에서 작업하면서 만난 정원의 풍경을 담아낸 것이다.

> 정원이라는 공간이 흥미로웠다. 새가 한 마리 죽어 땅에 묻히기도 하고, 나비가 스쳐 가기도 한다. 아이의 탄생, 어머니 돌아가셨을 때 옷가지를 태우던 장면 등 시간이 지나가는 장소성을 정원이라는 타이틀로 풀었다.[26]

유근택은 2000년대에 들어오면서 새로운 재료와 기법에 대한 탐구를 시작하고, 호분胡粉, Kreide을 본격적으로 사용한다.

> 호분이 화선지 위에 얹어지고, 수묵은 화선지 안으로 스며 들어간다. 수묵과 호분이 부딪치면서 기묘한 떨림을 만든다. 터치에 의해 또 다른 공간이 만들어진다. 호분을 통해 지우기도 하고 생성하기도 하며 시간을 축적하는 것이 가능하다는 것을 느꼈다. 호분이 화면

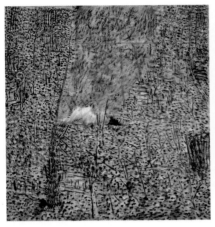 

유근택, 〈다섯 개의 정원 5〉, 2000, 178×192cm   유근택, 〈A Scene-Gilbert Grape〉, 2002, 190×180cm

안에 어떻게 축적되고 쌓이게 할 수 있는가에 대한 고민을 해결해 줬다. 그래서 호분을 본격적으로 끌어들였다.[27]

불은 소유의 아늑함과 같이 주위를 덥히지만 때로는 너무 뜨겁고 예고 없이 확 타오르며 모든 것을 불태워 버린다. 불을 타오르게 하기 위해 집어넣은 땔감은 저마다 성질이 다르다. 땔감은 가연성이지만 어떤 것은 은근히 타오르며 어떤 것은 불씨만 튀어도 폭발해 버릴 듯하다. 불의 본성은 삼키고 내뱉고 스스로 타오르는 것이다. 그래서 굴복하지 않는다. 바람에 따라 온몸으로 솟아오른다. 불은 인류에게 있어서 최초로 외부로부터 자신을 보호하고 살아갈 수 있는 에너지를 전해 줬다. 불은 에너지의 근원, 열정과 정열의 상징이다. 유근택의 〈다섯 개의 정원 5〉과, 〈A Scene-Gilbert Grape〉에서 다음이 어떤 상황으로 변할지 모르는 불안감이 내재되어 있다. 어떤 일이 벌어질지 모르는 순간의 모습을 찰나적으로 담아내고 있다.

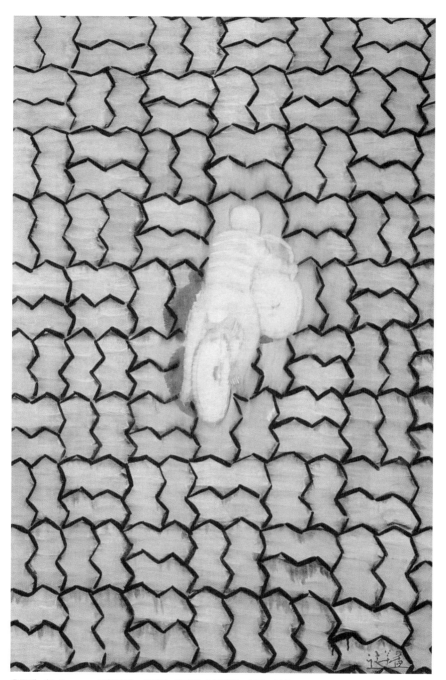

유근택, 〈A Scene, 공원에서〉, 2004, 한지에 수묵채색, 148×106cm

그 당시 발표했던 작품이 〈긴 울타리〉 시리즈이다. 'A Scene'이라는 영화적 특징에 집중했던 작업이다. 〈긴 울타리〉 시리즈는 전시에서 벽면 자체를 타원으로 구성해 사람이 화면 속으로 끌려 들어가는 듯한 느낌으로 설정했다. 여섯 개의 연작을 유기적으로 연결한 〈긴 울타리〉는 하나의 연속선상에 있지만 마치 영화를 보는 듯한 느낌으로 구성한 것이다. 영화적인 기법을 평면 회화에 끌어들인 것이다.

현실 세계와 우리가 인식하는 세계는 다르다. 이 세계 속에는 다양한 문화 충돌이 일어나고 있다. 마치 100년 동안 변하지 않을 것 같은 실내공간이지만 이사·홍수·가재도구를 밖으로 끄집어내었을 때 비로소 개별 사물들과 마주하게 된다. 작가는 집안의 평범한 일상의 도구를 끄집어내어 화면으로 옮긴다.

유근택은 2002년에 들어와 'A Scene'의 작업을 본격적으로 진행한다. 그의 풍경·정물, 〈앞산연구〉 시리즈, 〈분수〉 시리즈 등도 시간성과 운동성을 넣어 구성한 작품으로 흔들리는 요소Scene가 개입된 것이다.

〈어쩔 수 없는 난제들〉(2002)은 아이들의 노는 모습에서 느낀 에너지를 담아내고 있다. 이때 유근택은 30대 중반의 나이가 되었다. 그는 "어린아이들이 장난감을 마룻바닥에 쏟아부어 놓고 노는 모습에서 꾸밈없는 천진난만함을 느꼈다. 아들에게 장남감은 살아 있는 생명체와 같았다. 그 장면들을 그리면서 전체적인 장면을 읽어 나가는 작업을 하게 되었다."[28]라고 말했다. 〈어쩔 수 없는 난제들〉이라는 제목으로 탄생하게 된 것이다.

유근택은 현실적 세계와 초현실적 세계를 구분하지 않는다. 그가 직시하는 물상이 작가의 시선에 고정되고, 재구성되어 작품으로 드러난다. 단순한 현상적인 세계 너머 그 속에 상상력을 끌어들이기도 한다.

유근택, 〈A Scene, 어쩔 수 없는 난제들〉, 2002, 종이에 수묵채색, 147×335cm, 국립현대미술관

평론가 미네무라 도시아키峯村敏明는 유근택 작품에서 느끼는 평범함이 그의 발을 멈추게 했다고 말했다.

2000년 가을, 우연히 방문한 서울 국립현대미술관 기획전의 한 모퉁이에 가장 수수한 표정으로 걸려 있었다. 수수하다고 하는 것은, 온갖 기법과 새로운 표현 형태로 경쟁하는 듯한 신세대전 속에서, 색채가 극단적으로 적은 수묵 기법의 사생화가 참으로 온화하며, 욕심이 없다고 보여 줬기 때문이다. 그러나 나의 발걸음을 멈추게 한 곳은 그곳뿐이었다.[29]

미네무라 도시아키峯村敏明가 본 것은 결코 규칙적이라고는 할 수 없는 붓놀림이 일정한 질서를 가지고 묘사대상과는 별개의 공간을 형성하고 있었고, 따스함과 엄격함이 섞여 있는 묘한 분위기가 빚어져 나오고 있었던 점이다.

유근택, 〈자라는 실내〉, 한지에 수묵채색, 2009, 135×135cm

유근택, 〈어떤 만찬〉, 2009, 206×193cm

〈자라는 실내Growing Room〉(2009)와 〈어떤 만찬Some dinner〉(2009)은 생성과 소멸을 담아내고 있다.

> 〈자라는 실내〉는 내가 사는 공간, 허공에 나무를 심으면 어떨까 하
> 는 상상에서 출발한 것이다. 허공에 나무를 그리고 그 공간에 무수
> 한 이야기들을 만들어 낸다.
> 〈어떤 만찬〉의 작품이 나오게 된 것도 소멸을 담고 싶어서다. 먹
> 음직스럽게 잘 차려진 것이 아닌 지저분한 만찬장 모습을 표현할 수
> 없을까 고민했다.[30]

〈자라는 실내〉는 자연과 일상의 소재를 초현실주의 기법을 활용하여 꿈과 현실의 경계로 표현하고 있다. 〈어떤 만찬〉은 만찬장의 모습을 통해 화려함의 이면에 숨겨진 인간의 끝없는 욕망을 풍자적으로 담고 있다.

유근택의 〈열 개의 창문, 혹은 하루〉(2011) 시리즈는 미국에 있을 때 창밖 풍경을 그린 것으로 안식년차 미국으로 건너가 1년을 보내고 온 결과물이

유근택, 〈열 개의 창문, 혹은 하루〉, 2011, 한지에 수묵채색, 90×48cm×10

다. 창문을 통해 바라본 평범한 나날들과 사계절의 변화 과정을 담아내고 있다.[31] 미국에서의 작업은 분절分節에 의해 여러 가지 다른 언어가 생성된다. 유근택은 "지금도 프레임 안에서 공간의 움직임, 공간의 밀도를 보기 위해 목판으로 창문 작업을 계속 진행하고 있다."[32]라고 말했다. 작가는 한지와 먹, 채색 등 한국화의 기본적인 재료는 살리되 그 외 호분(조갯가루)·콘테·아크릴·과슈·템페라 등을 활용하여 두터운 질감을 통해 화면의 깊이감을 보여준다.

고흐는 "작가의 영혼과 지성이 붓을 위해 존재하는 것이 아니라, 붓이 그의 영혼과 지성을 위해 존재한다. 진정한 화가는 캔버스를 두려워하지 않는다."[33]라고 말했다. 유근택에게 재료는 단지 선택의 문제일 뿐이다. 그는 표현하고

유근택, 〈밤, 빛〉, 2007, 한지에 수묵채색, 135× 135cm

유근택, 〈한낮〉, 2005, 한지에 수묵채색, 115× 103cm

자 하는 대상에 대한 본질로 찾아 들어가기 위해 실험을 두려워하지 않는다.

유근택의 작품 소재는 누구나 흔히 볼 수 있는 일상을 담아내고 있다. 〈밤, 빛〉과 〈한낮〉은 낮에 창문이 열리고 밤이 되면 닫히는 모습에서 아파트 전체가 살아 있는 생명체와 같다. 인공적인 건물과 건물에 드리워진 나무가 바람에 흔들리고 있는 모습에서 생동감을 느낄 수 있다. 이 두 작품 속에서는 일정한 패턴과 시각적 대비를 통해 밤낮의 일상의 평범함 속의 미묘한 변화를 읽어 낼 수 있다. "새로운 것을 들춰내는 것보다 일상을 회화로 끌어내는 것이 내 그림의 목표다. 그러기 위해서는 끊임없이 질문해야 한다."[34] 이렇듯 유근택의 작품은 일상의 체험을 강조하고 있으며, 작가만의 시선으로 자연과 물상을 바라본다.

유근택, 〈두 개의 집〉, 2011, 한지에 수묵채색, 103×80cm

서정적 언어를 서사화하다

자연은 밤낮을 이어 끊임없이 반복한다. 그 자연 속에 우리가 서 있다. 작가는 그 반복되는 자연의 일상 속에서 생경함을 발견한다. 자연은 문자처럼 고정되지 않고, 소리처럼 녹음되지 않으며, 사진처럼 복사되지 않는다. 자연은 '그러함', 즉 만물의 본질이다. 그래서 자연은 안과 밖이 없다. 늘 존재하지만 채워지지 않는다. 그런 자연의 존재감을 깊은 내면의 사유로 끌어들여 그 사유를 밖으로 드러내는 것, 그것이 바로 그림이다. 그러기에 작가에게는 대상에 대한 감각, 지성, 상상이 요구된다.

2015년 베이징의 FORCE GALLERY富思画廊에서 유근택 개인전이 열렸다. 전시의 주제는 '영원한 내일永恒的明天'이었다. 〈산수〉(2014)를 보면 밀도감과 빛의 투영을 느낄 수 있다. 유근택은 일상에서 일어나는 서정적 언어를 서사적으로 설명하고 있으며, 작품 속에는 빛의 이야기가 가감 없이 드러나고 있다. 〈산수〉는 하늘과 땅 물이 분절되어 있으면서 하늘과 땅, 물의 경계가 투영되어 나타난다. 작가는 동일한 공간에서 대비적 요소를 보여 주고 있으며, 밀도를 안으로 숨기면서 내면화시켜 드러내고 있다.

음악가는 자연의 생경함을 악보에 옮기고, 시인은 자연의 생경함을 함축된 시어로 담고, 화가는 자연의 생경함을 화폭에 옮긴다. 생경함이란 대상을 낯설게 보는 데서 나온다. 내 주변의 일상에 함께 자리하고 있지만 보이지 않는 아주 작은 이야기들을 화가는 예리하게 들춰낸다.

유근택, 〈산수〉, 2014,
한지에 수묵채색, 100×270cm

이진원, 〈Untitled〉, 2015, 캔버스에 아크릴 채　유근택, 〈Window〉, 2015, 종이에 먹, 호분,
색, 50×60.6cm　　　　　　　　　　　　32×23cm

2016년 누크갤러리에서 '자연을 바라보는 시선Ways of Seeing Nature'전이 열
렸다. 유근택, 이진원의 2인전이다. 자연은 보는 이의 관점에 따라 다르게 나
타난다. 유근택은 2021년 『서울문화투데이』 이은영 발행인과의 인터뷰에서
이진원에 대해 "서로 다르기 때문에 새롭게 알게 되는 점이 있다."라고 말했다.

　　서로의 작업에 대해서 좀 냉정하게 얘기하는 편이다. 특히 진원 씨
　　가 내게 냉정하게 얘기하는 편이다. 우리 두 사람은 성향 자체가 다
　　르다. 보는 각도도 다르고, 방식이나 접근법도 다르다. 나는 허리나
　　팔이 아플 정도로 몸을 써 가면서 작업하는데, 진원 씨는 정말 크게
　　호흡하면서 나아가는 스타일이다. 옆에서 내가 막 휘두르면서 작업
　　을 하는데도, 진원 씨는 한쪽에서 조용하게 작업을 이어 나간다. 옆
　　에서 보면 진원 씨가 참 대단해 보이기도 한다. 그래서 서로 다름을
　　인정한다.[35]

〈푸른 실내The Life on the Corner〉는 안과 밖의 이야기다. 내면의 생각이 꼬리

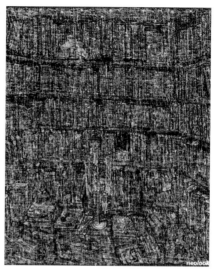

유근택, 〈푸른 실내〉, 2016, 한지에 수묵채색, 133×104cm

유근택, 〈어떤 도서관〉, 2017, 한지에 수묵채색, 206×194cm

를 물고 나아가는 의식과 풍경이 화면에 펼쳐지고 있다. 〈푸른 실내〉에서 보이는 모기장의 천은 들었다 놓으면 툭 떨어질 듯한 가벼움을 인상적으로 표현하고 있다. 작가는 모기장의 안과 밖을 조율한다. 모기장이 보여 주는 질감, 격자의 터치, 물성과, 모기장 속의 인물, 방 안의 풍경이 그로테스크하면서도 미니멀하게 전개되고 있다. 이것은 〈도서관〉 시리즈와 맞닿아 있다.

2017년 현대갤러리 '유근택전'에서는 종이를 두껍게 만들어 원래 종이가 가지고 있는 고유성을 파괴하면서 재조립하여 물성 자체에 변화를 주었다. 〈어떤 도서관〉(2017)은 물성에서 오는 힘과 도서관이 가지고 있는 공간감을 작가만의 시선으로 바라본 작품이다. 물성을 통해 이야기하는 방식이 달라진 것이다. 일상의 모든 것들은 다 에너지로 충만해 있고 소재가 될 수 있다. 구성하고 있는 모든 것들을 작가는 자신의 이야기로 끌어들이고 있다.

로랑혜기는 유근택의 〈어떤 도서관Some Library〉 시리즈에 대해 다음과 같이 말했다.

> 책이나 책장, 구름이나 그림자 등과 같은 대상들이 등장한다. 촘촘하게 화면을 채우고 있는 이런 소재들은 반복적이고 유사한 형태를 지녀 완전히 닫혀 있는 가상적이고 허구적인 회화적 공간을 연상하게 한다. 호흡이 곤란할 정도로 비좁고 규정할 수 없는 공간적 환영이 생성됨으로써 어떤 내적 연관성도 없는 온갖 물건들이 그 속에서 비논리적인 혼란을 야기한다. 세심한 관찰력을 가진 감상자라면 다양한 대상들이 이상하리만큼 상이한 시점으로 그려져 있다는 것을 발견할 수 있을 것이다. 각각의 사물들을 둘러싼 환경 역시 혼란스럽고 불안정하며 비이성적인 공간을 만들고 있다.[36]

2017년 개인전에서 선보였던 기법적 실험을 통해 작품에 디테일을 더하는 방법을 모색했다. 6겹으로 배접이 된 한지 위에 호분을 바르고 철솔로 드로잉하는 과정에서 나무와 같은 딱딱한 물질로 긋기를 반복한다. 동시에 그 위에 드로잉을 하여 한지의 독특한 요철 질감을 만들어 낸다. 이는 일반적으로 한지에 스며드는 수묵이 아닌 거친 질감을 통해 화면의 또 다른 깊이감을 주고 있다.

구상과 추상의 경계

〈끝에 서 있는〉(2018) 시리즈는 자화상이다. 그림자는 빛에 의해 존재한다. 빛을 차단하면 그 차단된 곳은 그늘이 지는데 이것을 그림자라고 부른다. 그

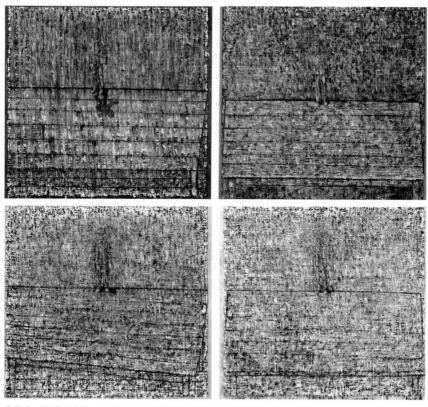

유근택, 〈끝에 서 있는 1~4〉, 2018, 한지에 먹, 호분, 템페라, 148×162cm

림자는 현실의 반영이다. 두꺼운 한지를 이용해 질감을 표현한다. 긁힌 자국
과 거칠게 일어나는 종이의 표면으로 차가운 물성이 드러난다. 사람의 형태
는 사라져 가고 그림자만 남는다. 작가가 서 있는 끝은 어떤 공간이기보다
가느다란 선 하나다.

　　화가가 자화상을 그리는 일은 자신을 본다는 것을 의미한다. 문득
자신이 궁금해질 때나 지금 무엇을 하고 있는지에 대해, 또는 무엇
을 해야 할지에 대해 생각이 나지 않을 때, 화가가 거울 속의 자신을

유근택, 〈시간, The Times 1~6〉, 2020, 한지에 먹, 하얀 과슈 가루, 103×150cm

보면서 또 다른 자신을 찾아가는 과정이다. 자화상을 그리는 행위는
어쩌면 자신을 구석으로 밀어붙이는 행위다. 그곳이 자신이 서 있는
지점이며 구석으로 밀면 밀수록 삶과 죽음의 경계에 닿는다. 그 어둠
으로부터 자신을 회피하거나 숨으려 하지 않고 어둠과 정면으로 마
주하고 있다.[37]

유근택은 2020년 여름 프랑스 노르망디 지역의 레지던시에 참여한다. 그곳에서 코로나로 인해 출구 없는 불안감을 경험했다.

당시 한국에선 신천지 사태가 터졌고, 프랑스에선 전 지역에 감염자가 30명 정도밖에 없었다. 프랑스보다 한국이 더욱 위험한 시기였다. 그런 상황에서 프랑스에 도착하자 바로 봉쇄가 시작됐다. 여러 가지 계획이 있었는데 아무것도 할 수 없었다. 불안한 시간이었다. 작업하는 공간이 파리에서도 먼 지역이었고 병원도 없었다. 혹시라도 코로나에 감염이 된다면 어떻게 되는 것일까 하는 극심한 불안에 떨었다. 불가항력으로 엄습하는 불안함 속에서 집중의 대상을 찾게되었고 한국에서 가져간 신문을 태우며 새로운 조형적 부분을 발견하게 되었다. 연일 놀라운 사건들로 얼룩진 신문이 타들어 가는 것과 팬데믹의 상황이 오버랩되는 다의적 코드와 신문이 타고 남은 재에서 이름 모를 뼈의 형상, 기괴한 형태의 사물 등 이전에 무심하게 본 풍경에서 드라마틱한 변화를 발견했다.[38]

2021년 '시간의 피부Layered Time'전이 서울 사비나미술관에서 열렸다. 작가는 이 전시에서 인간의 삶이 팬데믹 앞에서 무기력할 수밖에 없었던 처참한 현실, 초현실적인 현실을 마주한 또 다른 일상을 담았다. 사비나미술관 관장 이명옥은 "이번 전시는 그가 오랜 시간 탐구한 시간과 공간이라는 주제의식을 심화, 확장시킨 사유의 결과물이자 다양한 조형어법을 실험한 작가 정신의 결정체다. 작가는 땅, 바다, 잡초, 철책, 신문, 빨래 등 자연현상과 일상적 사물을 섬세하고 깊이 있는 시선으로 관찰하면서 존재의 본질과 사물의 본

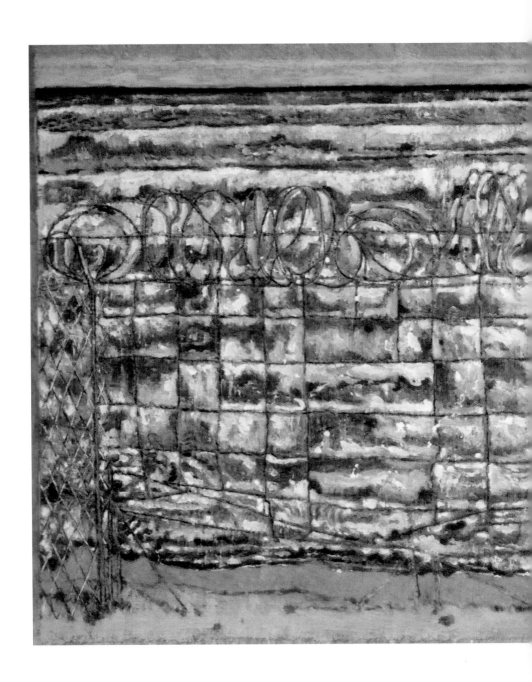

유근택, 〈파도Wave〉, 2020, black ink,
white powder and tempera on Korean paper,
150×207cm

성을 새롭게 인식할 수 있는 방법과 이를 이미지로 구현하는 방식에 대해 심오한 질문을 던진다."[39]라고 말했다.

〈시간, The Times〉 시리즈는 시간이 가진 절대적 운명성, 시간이 가진 극적인 순간의 연속성을 드러낸다. 유근택은 "작업의 시선을 안으로부터 좀 더 바깥으로 옮기면서 땅이라는 대상과 시간에 대한 키워드를 조금 더 이끌어 내게 되었다."라며 "이번 전시는 결국 우리가 감내하고 있는 시간들에 대한 단층들을 들추어냄으로써 시간에 대한 성찰을 이끌어 내고자 한다."라고 말했다. 유근택은 한 달 반 동안 감금과 같은 생활을 하면서 신문지를 태우는 〈시간, The Times〉 시리즈를 완성했다.

> 신문지가 타들어 가는 순간을 포착해서 작업하는 것은 굉장한 몰두가 필요한 예민한 작업이다. 신문의 글자를 그리고, 불을 표현하는 작업은 빠른 시간 내에 엄청난 집중이 뒷받침되지 않는다면 할 수 없는 작업이었다. 아무 데도 갈 수 없고, 혼자서 불안을 감내해야 하는 공간에 머물렀기 때문에 가능한 작업이었다.[40]

마스크를 쓰고 있는 두 사람 옆으로 강아지가 있다. 단단한 보도블록으로 인해 땅과 차단되어 있다. 그 속에서 생명이 자라고 있다. 유근택 〈생·장〉 시리즈는 우연히 낯설고 인적도 드문 해안가에 깔려 있는 보도블록 사이로 거칠게 뻗은 잡초에서 시작되었다. 보도블록이라는 억압된 제약조건을 해치고 나온 잡초의 강렬한 생명력에 깊은 인상을 받은 작가는 잡초가 가진 생명력과 보도블록 사이로 뚫고 나오는 에너지를 보여 주고 있다.

깊이를 향한 여정

눈 감은 사이로 자연의 소리가 들려온다. 그 들려오는 자연의 소리를 잡았다. 놓치지 말아야지. 어느새 자연은 말없이 사라졌다. 그것은 꿈이었다. 음악은 어떻게 예술적 내용을 전달하는가? 그림은 또 어떻게 예술적 내용을 전달하는가? 음악은 자연의 소리를 재구성하여 조화로운 소리로 울림을 주듯, 그림도 자연의 소리를 재구성하여 울림을 준다. 보에티우스Boethius(470~524)는 "진정한 음악가란 기술을 가지고 있는 사람이 아니라 우주의 조화와 질서에 대한 철학을 터득하고 있는 사람이다."[41]라고 말했다. 음악가는 바로 자연의 소리에 귀 기울일 줄 알아야 한다.

곽희郭熙는 『임천고치林泉高致』에서 "시는 형상이 없는 그림이고, 그림은 형상이 있는 시"[42]라 했다. 또한 "경계境界가 이미 눈에 익고 마음과 손이 잘 호응하고 나서야 비로소 이리저리 종횡으로 해도 법도에 맞고 좌우 어디에서도 원리에 합하게 될 것이다."[43]라고 했다. 그러나 세상 사람들은 그럭저럭 경솔하게 느끼는 대로 하여 대강대강 얻으려고만 한다. 자연을 응시하고 포착해 그 속에서 천변만화한 자연의 섭리를 이해하는 것, 그것은 정성스런 마음에서 나온다. 시인은 자기가 하고 싶은 말을 함축된 언어로 우의적寓意的으로 표현하기도 한다. 보이지 않는 사이, 즉 여백을 읽어 내야 한다. 화가도 마찬가지다. 화가는 색채나 풍경의 표정을 통해 자신의 생각을 담는다.

유근택은 '일상'의 단면을 끄집어내어 그림을 통해 현재 우리 삶의 단면을 들춰내고 있다. 먹과 화선지가 화폭에 스며드는 시간성과 깊이감을 통해 공간을 지배한다. 호분·템페라·철솔과 같은 재료를 이용해 두꺼운 질감을 표현하는 등 실험적인 면모를 담아내 끊임없이 작가만의 회화적 언어를 만들어내고 있다.

유근택, 〈당신의 마음 5〉, 2018, black ink, white powder and tempera on Korean paper, 204×148cm

우리는 벽을 만들고 부수는 과정에서 새로운 심미를 맛본다. 그래서 예술은 결론이 없는 과정의 예술인지도 모른다. 순환론적 사유가 삶의 지평을, 예술의 지평을 확장시킬 수 있다. 순환론적 사유는 막힌 사유가 아닌 열린 사유다. 생각이 열려야 다양한 특수성을 포용할 수 있다. '이거다'라고 규정짓는 순간 생각은 갇히게 된다. 예술은 사유의 지평을 확장하는 도구이기 때문에 예술의 힘은 크다. 그래서 작가는 끊임없이 대상과 만나고 소통하고자 한다. 이런 외적 현상에 대한 탐구와 노력이 예술의 새로운 지평을 만든다. 유근택의 작품에는 묵직한 언어로 예술의 새로운 지평을 만들어 가고 있다.

> '일상'은 호흡하는 모든 것이다. 내가 바라보고 호흡하는 모든 것, 내가 사물과 어떻게 만나고 있는가에 집중해서 작품에 담아 왔다. 일상 속 어떤 대상과 부딪히다 보면, 그 사이의 언어라는 것이 발생한다. 언어라는 것, 그 사이의 개념은 굉장히 문학적일 수도 있고 영화적일 수도 있고 시적인 공간이 되기도 한다. '일상'이라는 것은 결국 내가 가장 가까이서 부딪히고 있는 문제, 혹은 부딪히고 있는 관계, 낯섦, 에너지 모든 것을 뜻한다. 이 일상이 사회적인 문제와 만나기도 하고, 심리적인 부분과 만나기도 한다. 또 어떤 삶의 구조와도 만난다. 이처럼 '일상'으로 시작되는 것은 단순하게 반복되는 구조가 아니라 무한한 가능성을 가지고 있는 하나의 세계라고 볼 수 있다.[44]

높은 산을 올라야 넓은 들판을 마주할 수 있다. 그림은 작가의 생각이 열린 정도에 따라 그 높이와 넓이와 깊이를 드러낸다. 작가는 세계를 발견하는 새로운 눈, 끊임없는 수련을 쌓지 않으면 안 된다. 유근택은 관념적이고 사변

적이었던 한국화를 손에 잡힐 만큼 가깝고 밀접한 것으로 만들고자 일상이라는 개념에 주목했다. 작가에게 일상이란, 우리가 매일 마주하는 소소한 순간들의 연속을 넘어, 끊임없이 변화하는 현대사회에서 점차 희미해지는 삶의 본질, 즉 일상 뒤에 숨겨진 작은 소리에 주목하는 것이다.

미주

1 「MMCA 작가와의 대화: 유근택 작가」, 국립현대미술관, 2021.

2 유근택 작가와의 대화, 성북동 유근택 작업실, 2022. 2. 25.

3 「MMCA 작가와의 대화: 유근택 작가」 국립현대미술관, 2021.

4 유근택 작가와의 대화, 성북동 유근택 작업실, 2022. 2. 25.

5 유근택 작가와의 대화, 성북동 유근택 작업실, 2022. 2. 25.

6 유근택, 『지독한 풍경』, 북노마드, 2013, p. 29.

7 유근택 작가와의 대화, 성북동 유근택 작업실, 2022. 2. 25.

8 오광수, 「대지 또는 유적, 토카타」, 『유근택』, 2007.

9 김준기, 「장면과 사건 사이, 일상 너머 일탈의 서사」, 사비나미술관, 2004.

10 「MMCA 작가와의 대화: 유근택 작가」, 국립현대미술관, 2021.

11 「MMCA 작가와의 대화: 유근택 작가」, 국립현대미술관, 2021.

12 「MMCA 작가와의 대화: 유근택 작가」, 국립현대미술관, 2021.

13 「MMCA 작가와의 대화: 유근택 작가」, 국립현대미술관, 2021.

14 「MMCA 작가와의 대화: 유근택 작가」, 국립현대미술관, 2021.

15 「MMCA 작가와의 대화: 유근택 작가」, 국립현대미술관, 2021.

16 「유근택 인터뷰」, 갤러리현대, 2017.

17 「MMCA 작가와의 대화: 유근택 작가」, 국립현대미술관, 2021.

18 유근택, 「작가 노트」, 『유근택』, 2007.

19 「MMCA 작가와의 대화: 유근택 작가」, 국립현대미술관, 2021.

20 「MMCA 작가와의 대화: 유근택 작가」, 국립현대미술관, 2021.

21 김준기, 「유근택 개인전」, 사비나미술관, 2014.

22 「김승영과 유근택의 대화」, 『유근택』, 2007, p. 114.

23 조광제, 「회화의 눈, 존재의 눈」, 이학사, 2016, p. 83.

24 괴테, 장회창 역, 『색채론』, 민음사, 2004, p. 39.

25 괴테, 장회창 역, 『색채론』, 민음사, 2004.

26 「MMCA 작가와의 대화: 유근택 작가」, 국립현대미술관, 2021.

27 「MMCA 작가와의 대화: 유근택 작가」, 국립현대미술관, 2021.

28 「MMCA 작가와의 대화: 유근택 작가」, 국립현대미술관, 2021.

29 미네무라 도시아키, 「언어, 재잘거림, 침묵, 때로는 소음」, 도쿄 Gallery21, 2005.

30 「MMCA 작가와의 대화: 유근택 작가」, 국립현대미술관, 2021.

31 기혜경, 「하루, 영겁의 시간」, 『지독한 풍경, 유근택 그림을 말하다』, 북노마드, 2013, p. 233.

32 「MMCA 작가와의 대화: 유근택 작가」, 국립현대미술관, 2021.

33 빈센트 반 고흐, 신성림 편, 『반 고흐, 영혼의 편지』, 예담, 2010, p. 134.

34 「MMCA 작가와의 대화: 유근택 작가」, 국립현대미술관, 2021.

35 이은영, 「Artist Interview: 유근택 작가」, 『서울문화투데이』, 2021.

36 로랑헤기, 「유근택의 공감적 내러티브」.

37 「유근택 작가노트」, 2010.

38 「Interview」, 『유근택, 시간의 피부』, 사비나미술관, 2021, p. 49 참조.

39 이명옥, 「유근택전을 열며」, 『유근택, 시간의 피부』, 사비나미술관, 2021.

40 이은영, 「Artist Interview: 유근택 작가」, 『서울문화투데이』, 2021.

41 철학아카데미, 『철학, 예술을 읽다』, 동녘, 2006, p. 215.

42 "詩是無形畵 畵是有形詩". 곽희, 「畵意」, 『林泉高致』.

43 "及乎境界已熟 心手已應 方始纵橫中度 左右逢原". 곽희, 「畵意」, 『林泉高致』.

44 이은영, 「Artist Interview: 유근택 작가」, 『서울문화투데이』, 2021.

Korea
Contemporary
Artist

미스터 K를
찾아서

이완

Korea
Contemporary
Artist

이 완

Lee Wan, 1979~

서울에서 태어나고 자랐다. 동국대학교에서 조각을 전공했다. 2017년 베니스비엔날레 한국관 대표 작가로 선정되었다. 2014년 삼성 미술관 리움이 제정한 제1회 스펙트럼 작가상을 수상했으며 같은 해에 제10회 광주비엔날레 '터전을 불태우라'에 참여하면서 큰 주목을 받았다. 2015년 '김세중 청년 조각상' 수상에 이어 2016년 젊은 예술가들이 참여하는 가장 큰 전시회인 '유니온 아트페어'를 공동(이 완, 최두수) 창립했다. 이완의 대표작으로는 작가가 최초의 생산자가 되어 아시아 10여 개국을 돌아다 니며 한 끼의 아침 식사를 만드는 〈메이드인〉 시리즈가 있다. 이완의 작업은 미디어테크놀로지, 비디 오다큐멘터리, 설치, 조각, 사진과 같은 다양한 장르로 확장된다. 이를 통해 그는 전통과 미래의 융합 과 재해석 그리고 시스템의 불가항력 안에서 살아가는 개인의 삶 등에서 영향을 받은 전지구적인 문화 현상을 전달한다.

'미스터 K'와의 만남

황학동 시장의 풍물 거리는 교환가치가 있거나 상실된 물건들이 다시 주인을 만나기 위해 모이는 곳이다. 상품은 폐기된 것이 아니라 고쳐지고 새롭게 보수되어 가치가 연장되는 물품들로 가득하다. 2011년 무언가를 찾기 위해 자주 다니던 황학동에서 우연히 자개박스가 눈에 들어왔다. 찬찬히 자개박스를 들여다보니 사진 꾸러미가 들어 있었다. 행상은 자개박스를 팔기 위해 나왔지만 나는 자개박스 안에 있는 사진 속 이야기가 궁금해졌다. 5만 원에 자개박스를 구입해 집으로 돌아와 박스 안에 들어 있는 사진을 펼쳐 보았다. 놀랍게도 그 속에는 한 사람의 삶의 역정이 담겨 있었다. 그 사람을 '미스터 K'라고 이름 지었다.[1]

이완, 〈미스터 K〉 부분, 2017

이완, 〈더 밝은 내일을 위하여〉 부분, 2017

펼쳐진 사진 속에는 '미스터 K' 한 사람의 인생이 오롯이 담겨 있었다. 작가는 '미스터 K'의 시간의 흔적을 퍼즐 찾듯 하나하나 맞추어 갔다. 집·동네·풍경·가족 관계 등 근대에서 현대로의 이행기의 삶이 들어 있다.

'미스터 K'는 일제 강점기, 한국전쟁, 근대화, 산업화를 경험한 세대로 상징성이 있다. 한국 근현대 역사를 함축시켜 보여 주는 인물이다. '미스터 K'의 인생을 한국 근현대 역사의 모델로 생각했다. '미스터 K'가 살아온 인생이 아시아로 연결되고, 전 세계로 연결된다는 생각을 하게 되었다.[2]

이완은 사진 속 '미스터 K'의 삶을 따라가면서 한국 근현대사 자료를 수집했다. 수집한 것은 정치와 관계된 것들이 많았고, 대통령 관련 기록물·조선총독부 간행물·대통령 임명장·훈장·친필 휘호·시대적 기록물과 미스터 K의 사진을 병치시켜 보여 주고 있다. 에르메스 재단 디렉터

까뜨린느 츠키니스Catherine Tsekenis는 2017년 베니스비엔날레를 보고 "베니스비엔날레는 서로 다른 세대를 대표하는 작가들이 참여한 것이 흥미로웠다. 그중에도 한 인물을 증인 삼아 그가 역사를 어떻게 관통해 왔는지 보여 준 작품은 감동적이었다."[3]라고 말했다. '미스터 K'의 사진들은 한국 근현대사를 종횡으로 보여 준다. 한 사람의 인생과 한 나라의 역사가 병치竝置되어 읽히고 있다.

세상은 선택으로 가득 차 있다. 아침에 눈을 뜨고 저녁에 눈을 감는 순간까지 우리는 무엇인가를 선택한다. 몇 시에 일어날 것인지, 무엇을 먹을 것인지 선택해야 한다. 선택은 왜 하게 되는가? 그렇게 선택할 수밖에 없는 개인의 메커니즘이 내면에 작동하고 있다. 과학적으로 말하면 물질이 변화되는 경향성을 설명하는 무질서의 척도, 즉 무질서한 정도를 의미하는 엔트로피entropy다. 세계에는 계산 가능한 확실성, 불확실성이 공존하고 있다. 어쩔 수 없이 사회적 메커니즘에 동의할 수밖에 없는 상황이 불가항력不可抗力이다.[4]

불가항력이란? 인간의 힘만으로는 도저히 저항해 볼 수도 없는 힘이다. 즉, 천재지변으로 사람의 힘이 미치지 못하는 자연의 위대한 힘을 이르는 말이다. 또한 사회에서 관념적으로 필요하다고 인정되는 자연적 또는 인위적인 사고를 미리 방지할 수 없는 것을 말한다. 이완이 추구하는 주제는 "궁극적으로 해결하고 싶지만 해결되지 않는 공통적으로 질문이 될 수 있는 것, 불가항력이라는 단어다."[5]라고 말한다.

이완은 20세기에서 21세기로 넘어가는 과정에서의 정치·경제·문화·예술

이완, 〈그들에게 처한 불가역적인 기준의 증거_망치〉, 2010

의 다양한 사회적 현상을 보고 자랐다. 그의 작업은 "나는 왜 이것을 선택하는가?"라는 근원적인 질문에서 출발한다. 작가 이완은 확실함을 얻게 될 때까지의 과정을 중요시하고 예리한 시선으로 추적해 들어가고 있다.

예술가들은 구도를 본다. 균형을 잡는 것이다. 세상의 구도를 보는 것이다. 사회적 불균형·지식·소유·젠더 이슈·환경 등에 관심이 있다. 예술이 세상을 바꿀 수 있는지 모르지만, 예술이 세상을 바꿀 수 있는 사람들에게 영향을 미칠 수 있지 않을까? 더 나은 세상을 위해 표현하고 싶다.[6]

구도란 미적 효과뿐 아니라 사회생활의 모든 부분을 전체적으로 조화롭게 배치하는 구성이다. 작품을 창작할 때 세 가지를 생각하며 구성한다. 첫째는 사물 그 자체다. 둘째는 사물 자체가 작가를 만나 재구성하는 과정이다. 셋째는 사물이 오브제가 되어 작품으로 완성되는 것이다. 작가의 시선이 일반인들과 다른 점은 무엇일까? 작가는 가시적인 수단들을 동원하여 원래 사물이 가지고 있는 고유성을 작가의 시선에 들여와 새롭게 이름 짓는다.

> 아티스트artist는 밸런스balance를 보는 사람이다. 예술이란 무엇인가? 균형을 맞추는 행위다. 정치, 경제, 문화, 예술 활동들은 균형을 잡으며 소통하고 움직인다. 거시 담론은 맞출 수 있지만, 미시 담론으로 들어가면 균형을 잡기 어렵다. 그 미시적 밸런스를 잡을 수 있는 것이 바로 예술가다. 과거보다 살기는 좋아졌지만 사람들의 삶은 더욱 척박해지고 있다. 50년 전보다 교회, 사찰이 몇백 배로 늘어났지만 위로를 받지 못하고 있다. 무엇 때문일까? 불가항력 때문인가? 우리가 정작 놓치고 있는 것은 무엇일까? 세상의 균형을 찾고 방향을 생각해 볼 수 있어야 한다.[7]

이완은 '미스터 K'의 사진을 보면서 우리는 어디서 왔으며 지금 어디로 가고 있는가, 이 자연의 섭리를 움직이는 힘은 어디서 오는가에 대해 생각한다. 피곤함이 몰려오고 언뜻 잠이 들었다. 꿈속에서 '미스터 K'를 만났다. '미스터 K'는 외부의 대상이 아니라 바로 자신이었다. 한 사람 '미스터 K'의 인생이 바로 작가 자신과 오버랩되었다. 깜짝 놀라 이내 잠에서 깨었다. 밤새 울어 대던 이름 모를 풀벌레 소리가 점차 잦아들고 있었다. 무서리 내린 새벽 저 붉은 여명이 아침을 깨운다. 자연의 힘은 위대하고 경외敬畏롭다. 그래서 작가는 자연을 노래하고 자연에 의지한다. 자연에는 어떻게 할 수 없는 불가항력의 힘이 존재한다. 나를 보고, 너를 보고, 우리를 보는 것이다.

너를 보는 것이다

이완은 초등학교 때부터 만화를 잘 그리는 아이로 통했다. 중학교 때 만화책과 애니메이션을 보고 그리기를 좋아했고, 친구들이 그림을 주문하기도 했다. "드래곤볼 만화가 2주에 한 번 나온다. 호기심이 생겼다. 책이 나오기 전에 다음 나올 내용을 상상하며 그렸고, 책이 나온 후 비교해 보기도 했다."[8] 그림을 잘 그린다는 소문이 학교에 돌았고, 중 2 때 담임선생님의 추천으로 미술반에 들어가게 되었다. 당시 서울시에서 개최하는 사생대회에서 여러 번 상을 받았다. 그 공으로 중학교 졸업할 때 공로상을 받았다.

이완은 서울미술고등학교에 진학한다. 고등학교 2학년 때 어려서부터 물감으로 그리는 것에 익숙해서 자연스럽게 서양화를 선택했다. 어느 날 학생들의 조소 작품을 보게 되었다. 붙이고 깎으면서 형태를 만들고 재구성하는 작업을 보고 조소에 매력을 느껴 3학년 때 조소로 전공을 바꾼다. 고등학교 때 졸업전인 예림미전에 조각작품을 발표했다. 인체 조각으로 전신상을 만들었는데 포효하고 있는 형상이다.

이완은 1997년 동국대 미술학부에서 조각을 전공한다. 그는 대학 시절 미니멀리즘, 개념미술의 작가들에게 관심이 많았고, 존 배John Pai(1943~)와 김황록(1961~)에게 영향을 받았다.

데이비드 스미스, 도널드 저드Donald Judd(1928~1994), 프랭크 스텔라Frank Stlla(1936~), 리처드 세라Richard Serra(1939~), 미국 출신 한국

인 조각가 존 배, 김황록 작가의 작업을 보고 많은 영감을 받았다. 그들을 통해 작품을 대하는 태도, 상태를 변화시키는 힘, 공간이 주는 변화를 생각하게 되었다. 이들의 공통점은 단순함과 물성을 통해 보여 주는 묵직한 사유의 힘이다. 간결한 표현으

작업 장면

로 물성 자체가 가지고 있는 고유성을 최대한 살리면서 작가의 개입을 최소화한 작가들이다.[9]

이완은 작품에 개입을 최소화한 작가들에 대해 관심이 많았다. 미니멀리즘[10]의 특징은 첫째, 형태의 단순성, 둘째, 대상의 명료성, 셋째, 기하학적 형태의 반복성, 넷째, 재료의 고유성을 담아내는 사물성을 보여 준다는 것이다. 도널드 저드는 미니멀리즘에 대해 "사람들이 미술에서 꼭 필요한 것이라고 흔히 생각하는 요소들을 제거한 것"이라고 말했다. 이는 서술적 요소를 배제하고 사물이 가지고 있는 고유성을 보여 주어야 한다는 의미이다.

이완의 작품은 최소한의 표현을 통해 작가의 개입을 절제하는 예술 형식을 보여 준다. 또한 기호·상징을 작품으로 끌어들여 쉽게 드러나지 않지만, 시간성·공간성 사이의 여백을 읽어 낸다. 인간의 삶에서 사소함으로 남아 있는 대상을 발견하고 절제된 오브제를 통해 작가의 생각을 담아내고 있다.

김황록 교수의 〈새벽〉 시리즈가 영향을 주었다. 대학 졸업작품은 규모가 큰 금속작업이다. 김황록 교수를 통해 작품이 시간을 움직인

존 배와 함께, 미국, 2004   존 배와 함께, 미국, 2015

다는 느낌을 받았다. 작품이 공간과 사람 사이에 놓여 시간의 속도
를 변화시키는 것 같은 느낌을 주었다. 강한 경험이었다.[11]

　　이완은 대학을 졸업하고 금속조각에 관심을 가졌다. "김황록이 징검다리가
되어 존 배를 알게 됐다. 작가가 되겠다는 결심은 그 두 분 때문이다."[12] 그는
2004년 졸업을 얼마 앞두고 연락처만 가지고 미국으로 무작정 떠난다. 오로
지 작가 존 배를 만나기 위해서다. 그를 만나는 날 눈이 많이 내렸다. 내리는
눈이 쌓이자 선명하게 보였던 마을의 정경이 점차 순백으로 바뀔 쯤 존 배가
선명하게 들어왔다. 그는 뉴욕주 캐나다와 붙어 있는 코네티컷에 살고 있었
다. 존 배는 이완에게 학창시절의 에피소드를 들려줬다.

　　존 배는 학교 다닐 때 사진에 매료되었다. 그래서 사진 수업의 과제로 사막 모습을 담고 싶었다. 사막을 찾아 며칠을 지내면서 밤낮의 변화된 모습을 찍었다. 그러나 지도교수가 이 사진을 보고 "점수를 줄 수 없다. 이 사진이 달력 그림하고 뭐가 다른지 얘기해 봐라."라고 말하며 다시 작업해 오라고 했다. 화가 난 존 배는 집에 돌아와 어지러진 실내 모습이 담긴 책상을 찍어서 냈다. 그때서야 교수님이 "이 작업이 너무 좋다."라고 말했다. 존 배가 물었다. "사막에서 찍은 사진보다 초점도 안 맞는 이 사진을 왜 좋다고 하십니까?" 교수님은 "사막에는 없지만, 이 사진 속에는 네가 가득하다. 너의 책상이기 때문에 네가 무슨 책을 좋아하고, 어떤 명구를 걸어 놓았는지 알 수 있다. 이 사진에는 네가 들어 있고, 그래서 사진을 통해 너를 보는 것이다. 이 사진 한 장으로도 지금의 미국 사회를 말할 수 있고, 너에 대해 궁금한 것이 생겼다. 네가 말하려고 하는 예술을 멀리서 찾지 말고 주변에서 찾아라."라고 말했다.[13]

존 배의 말은 예술세계에 첫발을 내딛는 이완에게 큰 울림으로 다가왔다. 예술의 소재는 멀리 있는 것이 아니다. 바로 자기 주변, 아니 자신 안에 있다. 송宋나라 때 나대경羅大經이 지은 『학림옥로』에 무명의 비구니가 지었다고 하는 오도송이 전해지고 있다.

온종일 봄을 찾았으나 봄은 만나지 못하고　　盡日尋春不得春
짚신 신고 산머리 구름까지 두루 살폈네　　　芒鞋踏跛嶺頭雲
돌아와 웃음 띠고 매화꽃 잡아 냄새 맡으니　歸來偶把梅花臭
매화 가지 끝에 이미 봄이 가득하구나　　　　春在枝頭已十分[14]

벨기에 극작가 모리스 마테를링크가 쓴 아동극 파랑새도 행복을 상징한다. 우리가 꿈꾸는 이상, 행복은 먼 데 있는 것이 아니라 바로 여기에 있다. 2004년 대학을 졸업하고 존 배를 만나면서 예술의 길을 걸어야겠다는 생각을 깊게 하게 되었고, 그때부터 본격적으로 작업을 시작한다.

이완은 2005년 인사동 갤러리 쌈지에서 첫 개인전을 열었다. 그때 미국에서 존 배가 찾아와 격려해 줬다. 2015년에 미국 유엔에서 전시를 하게 되었다. 유엔 한국대표부의 전시관에서 오준 대사에게 존 배와의 인연을 말했다. 그렇게 10년 만에 존 배를 다시 만나게 되었다. 2017년 베니스비엔날레에 존 배를 초대해 만났으며, 지금까지 소중한 인연이 이어지고 있다.

2005년 첫 개인전에서는 드러나 있지만, 누구나 관심을 두지 않았던 사소한 문제를 작가의 시선으로 들춰내 보여 주고 있다. 그가 마주한 사회는 마치 놀이터와 같았다. 기계적인 틀 속에서 톱니바퀴에 따라 규칙적으로 움직이는 것과 같이 일정하게 움직이고 있다는 생각을 하게 되었다. 전시에서 〈세발자전거〉, 〈대관람차〉, 〈미끄럼틀A Slide〉, 〈시소〉, 〈흔들리는 의자〉 등을 선보였다.

〈미끄럼틀〉은 첫 데뷔작으로 세상에 대한 풍경을 담은 작품이다. 〈미끄럼틀〉은 계단을 올라가 미끄럼틀을 타려고 하면 올라간 사람의 무게 때문에 미끄럼틀이 바닥으로 내려앉으며 계단으로 다시 내려와야 하는 구조다. 작가는 "미끄럼틀은 하나의 시스템이다. 시스템에 올라타면 시스템의 원리대로 작동되지 않는다. 우리가 기대하는 것과 다르다. 기대하지 않았던 상황이 발생한다."[15]라고 말했다. 미끄럼틀은 계단을 올라 시원하게 내려가고 싶은 욕구를 해소해 주는 기구다. 이 작업에서 이완은 조형적 원리와 형식을 차용해 미끄럼틀이라고 하는 관습적인 규칙을 변형시켜 일반적인 상식을 깨뜨리고

이완, 〈미끄럼틀A Slide〉, 2005, 합판 설치

있으며, 사회체계가 가지고 있는 공고한 틀을 깨는 역발상을 통해 현대 자본
주의 사회적 시스템이 가지고 있는 불가항력을 말하고 있다. 이 작품은 작가
의 작품세계의 미래를 엿볼 수 있는 작품이다. 이렇듯 이완의 작품은 우리들
을 새로운 감각의 세계로 인도한다.

이완은 프란시스 알리스Francis Alÿs(1959~), 도리스 살세도Doris Salcedo(1958~)
의 작품을 보고 많은 영감을 받았다.

프란시스 알리스와 도리스 살세도의 작업을 통해 의미를 내면화
시키는 방식에 감동받았다. 두 작가는 의미를 외치거나, 선언하거나,
깃발을 들지 않고, 진지한 태도로서 자신의 철학을 전달시킨다. 도리

스 살세도의 작업에서 감동한 작업은 〈쉽볼렛shibboleth〉[16]이다. 작은 틈을 키워 낭떠러지로 만든 개념 작업이다. 이를 통해 인간의 갈등, 사회적 모순, 정치적 밸런스가 무너져 있는 세태를 고발하고 있다. 프란시스 알리스의 〈실천의 모순Paradox of Praxis 1 〉(1997)은 멕시코시티 거리에서 커다란 얼음덩어리가 녹을 때까지, 맨손으로 얼음을 밀며 9시간을 걷는다. 얼음을 미는 것뿐인데……. 여기서 큰 울림을 받았다.[17]

인간 세상에는 언어가 권력과 폭력이 되는 경우가 많다. 프란시스 알리스와 도리스 살세도는 익숙한 대상, 소재, 이야기를 익숙하지 않게 바라본 작가다. 프란시스 알리스는 한곳에 머무르지 않고 물리적인 이동과 시간적인 이동을 축으로 끊임없이 여행하며 국경의 경계에 의문을 제기한다.[18]

21세기 현대예술에서는 작품이 그렇게 보여야 하는 또는 그렇게 존재해야 하는 특별한 방식이 없다. 다시 말해, 우리가 가지고 있는 그 어떤 것도 예술 작품이 될 수 있다. 이것은 선택의 문제다. 무엇을 왜 하는가의 문제다. 작가는 끊임없이 새로운 것들의 즐거움, 새로 발견된 공간이 활짝 피어나는 즐거움을 찾아 나선다. 그곳에서 작가는 의도하지 않는 낯섦을 경험할 것이다. 가보지 못한 그러나 가야만 하는 금단의 땅으로 서슴없이 들어섰다.

내가 지금 말하는 희망 역시 내가 만들어 낸 우상이라고 생각한다. 단지 룬투의 희망이 보다 현실에 가깝고 절박한 반면, 나의 희망은 더 막연하고 아득하게 멀다. 희망이라는 것은 있다고도, 없다고도 할 수 없다. 그것은 마치 땅 위의 길과 같다. 원래 땅 위에는 길이란 것

이 없었다. 걸어가는 사람이 많아지면 그게 곧 길이 되는 것이다.[19]

금단의 땅, 내밀內密한 추적

날은 저물고 짙은 구름이 낮게 깔리고 있다. 캄캄한 어둠 속에서 희미하게 드러나는 물체가 시선에 들어온다. 2008년 제작된 이완의 영화 〈금단의 땅 A Forbidden Land〉 3부작이 예술영화 상영관인 미로 스페이스에서 개봉되었다. 내밀하게 들여다보지 않으면 쉽게 볼 수 없는 한 생명체의 생의 주기를 보여주는 단편 영화다. 이 작품은 외부의 보이지 않는 힘에 의한 불가항력을 한 생명체를 통해 보여 주고 있다.

어느 날 집 앞 참새 한 마리가 죽어 있었다. 참새 주변에 버린 스타벅스 컵과 쓰레기들이 떨어져 있었다. 그것을 본 순간, 참새와 버려진 쓰레기들이 똑같은 상황에 놓여 있다는 생각을 하게 되었다. 일상의 쓰레기들은 대부분 재활용이 가능하다. 그러나 저 참새는 죽음 이후에 뭐가 있을까 생각하게 되었다. 그래서 죽은 참새를 집으로 가져와 참새의 죽음 이후의 변화과정을 영상에 담았다.

죽은 참새와의 만남이 2부 〈신의 은총DEI GRATIA〉이 탄생하게 된 배경이다. 회전판 위에 참새를 올려놓고 각종 브랜드 상품을 교체시켜 보여 준다. 회전판이 돌 때마다 브랜드 상품은 교체되지만 죽은 참새와 마지막까지 함께한 것은 황금이다. 여기에서 금은 인간이 정한 절대적 가치라면, 상품들은 인간이 욕망하는 시대의 유한한 가치다. 참새는 생명의 가치를 상징한다. 인간의 욕망적 가치의 중심에 있는 황금 사이로 죽은 참새는 점점 변해 갔다. 참새는 해체되고 그 속에서 새 생명인 구더기가 탄생한다.

그때 나온 구더기가 바로 3부 〈금단의 땅〉의 서막을 열어 주고 있다. 구더기를 유리 상자에 넣어 색종이 세 장과 아이스크림 한 개, 사탕을 놓고 이야기는 시작된다. 아이스크림은 인간이 만든 음식 중에 인간의 문명을 상징하는 음식이라고 생각했다. 아이스크림은 냉동상태로 유통되어야 한다. 아이스크림은 냉동실에서 조금만 외부로 나오면 녹아서 형태가 상실된다. 인간의 정교한 시스템 안에서만 유통될 수 있다. 아이스크림이 녹는 픽션 스토리를 넣었다.

구더기가 사탕을 만났다. 사탕을 먹다가 한 마리가 사라졌다. 한 마리는 멀리 어스름이 보이는 산을 찾아가고 있다. 그 뒤를 이어 마치 수도자들의 행렬 같은 구더기의 순례가 시작된 것이다. 그러나 이들은 자신의 삶의 주기를 망각한다. 구더기라는 것을 모른다. 가다가 번데기가 되어 버린 것이다. 이것이 불가항력이다.

죽은 새는 구더기를 낳고 생의 주기를 다하고 번데기가 되고 다시 파리로 태어난다. 파리는 본능대로 달콤한 아이스크림의 유혹에 넘어간다. 파리는 아이스크림을 먹다 죽고 그 사이로 곰팡이가 피어난다. 산의 형상과 녹은 아이스크림이 묘한 앙상블을 이룬다. 파리의 일생을 보면서 인간의 욕망과 다르지 않다고 생각했다. 자기 생을 다하고 대를 이어 나가는 것은 인간이나 파리나 같다는 생각을 하게 되었다.[20]

구더기가 번데기에서 파리로 변해 가는 일생을 담아 내고 있다. 멀리 산이

이완, 〈신의 은총DEI GRATIA〉, 2008, single channel vide, 8분 16초

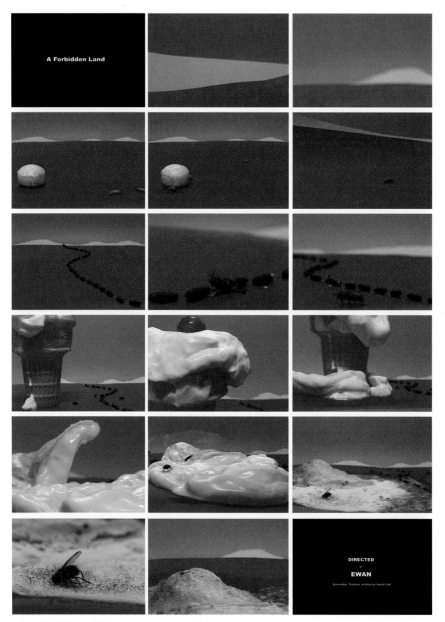

이완, 〈금단의 땅〉, 2008, digital movie, 16분

보인다. 산을 향해 가는 여정의 길에 유혹하는 거대한 물체를 만난다. 그 물체는 달콤하다. 가야 할 곳이 아직 먼데 파리는 그 달콤함에 취해 생을 마감한다. 1부 〈케이크Cake〉는 설원 위에 남녀가 이별하는 것처럼 보이는 아름답고 감성적인 풍경을 케이크로 제작한 것이다. 케이크는 쇼팽의 「이별의 노래Etude E major Op. 10 No. 3 Tristesse」의 선율을 따라 차츰 변해 간다. 죽은 참새와의 만남이 2부 〈신의 은총DEI GRATIA〉에서 펼쳐진다. 영국 동전에 쓰인 'DEI GRATIA'라는 라틴어의 번역이다. 회전 테이블 위에는 각종 브랜드들이 요한 스트라우스Johann Strauss의 「맑고 푸른 도나우강The blue Danube」이 화면 속에 영상과 함께 흐르고 있다. 회전을 반복하는 테이블 위의 각종 브랜드 사이로 죽은 참새가 점차 부패되어 간다. 마지막 장면에 구더기가 남은 참새의 뼈와 통조림이 대비되어 막은 내린다. 3부 〈금단의 땅A Forbidden Land〉은 내러티브narrative적 요소와 함께 강렬한 색채와 숨 막힐 듯 터져 나오는 음악 그리고 미학적 완성도로 그려진다. 음악은 라흐마니노프의 영화 〈스페이스 오디세이〉에 삽입된 곡으로 영상과 절묘한 조화를 이루고 있다.

영화는 빛, 소리, 색, 소재가 어울려 만들어지는 시간예술이자 공간예술이다. 영화감독 이준익은 "이완의 〈금단의 땅A Forbidden Land〉은 초현실주의 대서사시 …… 마그리트와 달리의 재구성이 이완에게서 시작된다."라고 말했다. 또 미술평론가 류병학은 "〈금단의 땅〉은 거대한 시스템하에서 인간의 무력함을 폭로한다."라고 했다. 초현실주의에는 바로 리얼리즘이 전제된다. 그 리얼리즘 속에는 현상적인 것도 있고, 꿈과 환상 속에서 펼쳐지는 것도 있다. 현재 사태가 벌어지고 있지만 너무나 사소해서 관심이 없는 대상을 작가만의 시선으로 보여 준다. 〈금단의 땅〉을 본 국립현대미술관 큐레이터의 요청으로 이완은 국립현대미술관에서 주최한 '젊은 모색전'에 선정되어 참여한다.

그의 작업은 일상생활에 존재하지만 쉽게 찾아볼 수 없는 구조이다. 그는 현대 물질문명의 대량생산 구조 속에서 무의식적으로 소비되는 상품이 나오기까지의 거대한 구조 속에서 소비되는 상품의 의미를 직접 발로 뛰고, 또 그 생의 주기를 찾아 깊숙이 들어가서 내밀內密하게 살피고 있다. 이완의 예술지향은 자연 생태계를 찾아가고 있으며, 불가항력의 메커니즘을 논리적으로 드러내고 있다. 그 불가항력을 향한 내밀한 추적이 더욱 궁금하다.

우리란 무엇인가

1990년대 이후는 포스트모던적 담론이 등장하는 시대다. 난해·몰이해·비인칭·익명적인 것을 포스트모던이라 보았다. 예술에 대한 고민은 작가에 의해서라기보다는 기획자들의 전시에 의한 것이었다. 포스트모더니즘postmodernism[21]은 20세기 중후반에 일어난 모더니즘에 반발한 예술운동으로 개성·자율성·다양성·대중성을 강조한다. 21세기는 개념과 담론 없는 미술을 말할 수 없다.

이완의 작품은 가상과 실제를 정교하게 표현하고 있다. 외부적 요소와 내부적 요소와의 관계성을 말한 것으로 외부의 선이 사라지면 내부의 선도 사라진다. TV를 끄는 조건을 배제하고 천장에 달린 전기선과 내부의 그래픽 선과 연결되었다. 이는 외부의 환경적 조건이 작가의 내면과 연결된다는 것을 의미한다. 내부의 정신적인 것들은 물리적인 외부와 연결되어 있다는 것과 통한다. 2013년 작품 〈당신의 내면에 존재하는 가상의 기준선〉은 가상과 현실의 문제를 말하고 있다.

천장에 전기 코드를 설치해 줄이 내려오도록 해 TV 화면 속 선과 연결했다. 내부와 외부에 대한 작업이다. 천장의 전기 코드를 빼면 외부의 선과 내부의 선은 사라진다.[22]

이완, 〈당신의 내면에 존재하는 가상의 기준선〉, 2013, 단채널 비디오

우리의 미래는 훨씬 다양한 가상인간들과 함께 메타버스에서 생활하는 사회가 될 것이다. 현재 있는 메타버스 플랫폼들은 그래픽 측면에서 현실감이 떨어지지만, 가상인간 기술과 결합하면서 점점 실제와 비슷해질 것이다. 또 그 안에서 다른 사람들을 만나기도 하고, 가상인간과 대화도 하면서 점차 현실과 가상의 경계가 불분명해질 것이다. 이완은 가상과 현실의 메타포를 통해 인간의 존재론적 성찰을 생각하게 한다.

사람이 살아가는 데 필수적인 것이 물이다. 밥은 몇 끼를 굶어도 살 수 있지만 물은 하루만 먹지 못해도 탈진하여 정상적인 생활을 할 수 없다. 그래서 사람들은 끊임없이 샘을 찾았고 그곳에서 거주가 이루어지고 문화가 자연스럽게 형성되었다. 샘의 본래의 뜻은 물이 솟아나는 곳이다. 또한 지하수를 가리킨다. 예로부터 샘은 생명력, 창조의 원천, 풍요, 여성성, 치유, 부활 등의 의미로 상징되고 있다.

『코란』에 "물가에 모든 것이 살고 있다."라고 기록되어 있고, 힌두교에서도 솟아나는 물을 인간 및 모든 생명력의 상징으로 보고 있다. 구약성서의 『창세

이완, 〈Colourful-Wig-Falls〉, 2015

기』에는 에덴동산 중앙에 '생명의 나무'가 있고 그 밑에서 4개의 하천이 사방으로 흐른다고 기록되어 그것이 '중심'과 '활동의 원천'의 상징이 되어 있다.

땅에서 솟아나는 샘은 막 탄생한 생명을 보는 것 같다. 태아가 세상에 나오듯 지하에 흐르던 물이 작은 틈을 타고 솟아난 샘은 또 다른 생명을 연속적으로 탄생하게 하고 소생시키는 생명력을 지녔다. 재생산을 거듭하며 흐르는 샘은 대지의 동식물에 생명의 조건을 허락한다. 그러한 생명력은 인간의 삶에도 영향을 미쳤다.

상류의 조그만 샘에서 발원한 물이 여러 계곡의 물을 받아들여 한곳에 모아 거침없이 쏟아 낸다. 2015년 〈Colourful-Wig-Falls〉는 컬러가 들어 있는 인조가발로 만든 작품으로 폭포의 형상을 보여 주고 있다. 이 작품은 서술적 요소를 배제하고 사물이 가지고 있는 고유성을 보여 주고 있다.

당시 머리를 길렀는데 삭발하고 가발을 만들었다. 우리나라 1970년대는 가발이 주요 수출품목이었다. 가발 공장을 찾아가 그 시대의 이야기를 들었다. 〈메이드인〉 시리즈 가운데 한 작품

이완, 〈상품〉, 2015, No. 7, D, Cprint, 1,900×1,600cm

〈Colourful-Wig-Falls〉은 인조가발을 오브제로 사용해 폭포를 표현한 것이다. 컬러는 다양성을 표현하고자 한 것이다. 산속 어딘가에서 발원한 물은 다양한 갈래로 흩어져 폭포를 이루고 강을 지나 바다로 수렴된다. 물이 섞여서 강이 된다. 지금의 지구촌은 다양한 문화가 공존하고 관계를 맺으며 소통하고 있다. 다양성, 다름이 아름다움을 만들 수 있지 않을까 생각해 본다. 하모니를 표현한 것이다.[23]

2015년 〈상품Product〉은 황학동 풍물시장에서 찍은 사진이다. 상인들은 역사성에는 별 관심이 없이 물건의 사용가치, 재료에 따라 가격을 매길 뿐이다. "불상이 물건으로 팔리고 있다. 내가 더 싸다고 가격 경쟁하듯이 진열되어 있는 모습을 봤다. 황학동 시장에 불상이 가격이 매겨져 진열된 〈상품〉을 본 대부분의 불교 신자들은 작품을 비판했지만, 한 노승은 "깊이가 있다. 종교계의

이완, 〈Kiss Lonely Good Bye〉, 2008

이완, 〈Kiss Lonely Good Bye〉, 2008

이완, 〈다음 생에 꽃이 되어 그대 곁에〉, 2010, 버터,
21×17×14cm

문제를 정확하게 지적한 작품이요, 시대를 잘 보여 주는 작품"이라고 말했다.[24]

2009년 〈The House Hold Items〉의 프로젝트 이름은 '삶은 메아리처럼 그저 따라 울려 퍼지는 핏빛 물결'이다.

대형마트에서 소고기를 사와 갈아서 수분을 제거하고 플라스틱을 섞어 목공재료로 만든 것이다. 우리는 사물을 기호로 인식한다. 사실은 소고기인데 빗자루라고 이야기한다. 마트에서 사 온 물건을 가지고 생산을 한 것이다. 미술작품으로 판매하고 전시하고 있다. 마트에서 소비로서 종결이 되어야 하는데 그것을 사 와 예술작품으로 탄생시킨 것이다. 최종생산자가 된 것이다. 대형마트에서 닭고기를 사와, 야구공 하나에 닭 한 마리로 만들었다. 갈아서 플라스틱을 섞어서 틀을 만들었다. 닭고기를 사다 닭곰탕을 먹어야 하는데 그것으로 야구공을 만든 것이다. 생산, 유통 소비 시스템이 획일화된 사회가 가지고 있는 강고성에 대한 이야기다.[25]

이완, 〈불가능한 것의 가능성〉, 2012, 100×280×280cm

〈The House Hold Items〉는 대형마트를 이용하고 있는 사람들의 무관심성
과 획일성에 대한 담론이다.

2010년 〈다음 생에 꽃이 되어 그대 곁에〉는 마가린을 마트에서 구입하여
만든 해골 조각상이다. 작품재료로 쓰이는 마가린은 마트에서 구입한 것이
다. 모든 것들은 시스템에 의해 검증을 거쳐 종류와 가격들이 결정되어 마트
로 향한다. 이완은 모든 소비자들이 의심 없이 이용하는 점을 주목하고 있다.

현대 자본주의 사회에서 소비자는 주어진 범주 안에서 제한된 선택을 한
다. 다양한 선택의 기회로 인해서 가려진 제한된 조건은 우리가 주체적으로
자유롭게 소비한다는 착각을 일으킨다. 이것은 보이지 않는 구조에 의해 규
정된 소비의 작동으로 우리는 그 시스템 안에서 불가항력으로 반응한다.

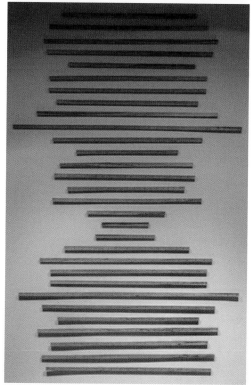

이완, 〈우리란 무엇인가? 각자의 자〉, 2014

2012년 〈불가능한 것의 가능성〉은 실제로 좌우의 물체의 무게를 맞춘 것이다. 꿩은 판결을 하고 지키고 집행하는 존재가 아닌 약한 존재로 정치적 풍자를 담아내고 있다.

좌우 측으로 대칭을 이루며 상반된 두 물체가 매달려 있다. 작은 것과 큰 것, 보이는 것과 보이지 않는 것, 확실성과 불확실성, 강한 것과 부드러운 것이 대조되며 균형을 이루고 있다. 가운데 기준점은 금방이라도 부러질 듯 가늘고 어딘지 모르게 불안하고 천으로 은폐되어 있다. 누가 무엇 때문에 은폐시켰을까? 상상하게 한다. 그 기준점을 지키고 있는 것은 새 가운데 제일 멍청하다는 하는 꿩이다. 균형은 맞춰져 있으나 불안한 현재의 상황과 모순을 말하고 있다.[26]

〈우리란 무엇인가? 각자의 자〉 인터뷰 장면

〈불가능한 것의 가능성〉은 커다란 저울장치를 설치하여 양쪽에 각각 줄을 매달아 놓은 기와와, 내용물을 알 수 없는 검정 비닐봉지가 매달려 있다. 시각적으로 분명히 인지할 수 있는 기와와 대조적으로 검정 비닐봉지는 무엇인지 알 수 없는 기대감과 호기심을 유발한다. 저울이 수평을 유지하고 있는 상황은 무게는 동일하며 그 가치 또한 공정함을 말한다.[27] 이렇듯 작가는 주제와 관련된 사물들의 기호성을 재구성하여 사회적 의미를 전달하고 있다.

2014년 〈우리란 무엇인가? 각자의 자〉는 한국문화예술위원회 후원 프로젝트로, 스페이스 사루비아에서 열렸다. 사루비아 프로젝트를 위해 30명의 참가자를 모집했고, 그들에게 인터뷰를 진행했다. 이 작품은 사람들의 공통된 경험에 대한 것이다.

> 참가자들에게 자를 대지 않고 감각적으로 느끼는 1cm를 그려 달라고 부탁했다. 어떤 사람은 거의 1cm에 맞았고, 어떤 사람은 7mm, 1mm를 그렸으며, 또 2cm를 1cm라고 그린 사람도 있었다. 그렇게 해서 각자의 자가 만들어졌다. 각자의 물리적 수치를 적용한 30개의 '같은 수치'를 지닌 '다른 크기'의 의자가 '국제표준규격 사이즈'로 제작되었다. 또한 '우리란 무엇인가'에 대한 30명의 주관적 견해가 영상으로 기록되었다. 이는 '개인과 집단, 그리고 그것을 구성시키고 와해시키는 기준'을 찾아 나가는 작업이다.[28]

사루비아 프로젝트는 동시대 사람들에게 던지는 우리는 무엇인가에 대한 질문이다. 집단과 개인, 객관적 기준과 주관적 사고 사이의 간극을 사회학적 관점으로 가시화하고 있다. 집단적 성격과 개인의 주관적 차이를 통해 새로운 시각을 제시하고 있다. 이렇듯 이완은 〈우리란 무엇인가? 각자의 자〉에서 각자의 자를 통해 몰개성과 전체주의를 비판하고 있다.

〈메이드인〉 시리즈

나라	자료	제품	내용
타이완 (2013)		suger suger jar suger spoon	사탕수수 나무를 베어 설탕을 만든다. 설탕은 과거 타이완의 경제성장의 원동력이었다.
타일랜드 (2013)		silk	태국의 실크회사에 취직해 누에고치에서 실을 뽑아 염색천을 만들어 옷을 짓는다.
캄보디아 (2014)		rice	단돈 몇천 원이면 구할 수 있는 쌀의 이면에 감춰져 있는 구조를 들여다보기 위해 땅을 빌려 씨를 뿌린다.
차이나 (2014)		wooden chopsticks	수도원에서 파손된 마룻바닥을 가져와 일회용 젓가락을 만든다.
미얀마 (2014)		gold	금을 채취·가공하는 과정을 통해 식민주의적 잔재들이 어떻게 작동되는지 사실적으로 보여 준다.

코리아 (2015)		wig	가발은 1970년대 경공업을 대표하는 산업이다. 작가는 직접 자신의 머리카락으로 가발을 만든다. 근대화를 이끌었던 가발산업을 본다.
코리아 (2015)		straw shoes	짚신을 제작하는 민속촌 비정규직 노동자들을 통해 현대사회 이면에 감춰진 계급 차이를 본다.
베트남 (2016)		rubber coffee	고무나무 껍질에서 분비되는 액체를 응고시킨 생고무를 주원료로 물질을 만든다. 커피나무에서 생산된 생두生豆를 일정 시간 동안 볶은 뒤 곱게 분쇄하고 물을 이용하여 그 성분을 추출해 커피를 만든다.
인도네시아 (2016)		wooden table	나무를 재단하여 테이블을 만들었다. 자연생태계를 찾아가는 작업으로 불가항력의 메커니즘을 찾아간다.
인도네시아 (2016)		batic tablecloth	염색해서 옷을 만든다. 환경이 한 개인을 만들어 낸다면 개인은 어떻게 만들어지는가를 추적해 들어간다.
말레이시아 (2017)		palm oil	팜유를 추출한다. 팜유는 기름야자 열매의 과육을 쪄서 압축 채유되는 식물성 유지로, 추출한 기름은 비누에서 마가린까지 다양한 용도로 활용된다.
라오스 (2017)		woodin dish	라오스에서 나무접시를 만든다. 자연생태계를 찾아가는 작업이다. 이데올로기 습관 정체성은 주변 환경에 의해 형성된다.

역사를 주변의 관점에서 서술한다면 어떤 모습일까? 중심의 관점과 가치관이 아니라, 식민지인의 관점에서 역사를 서술하고 평가한다면 어떤 식으로 전개될까? 포스트식민주의적 관점의 역사는 주변화되거나 식민지화된 관점에서 서술된 것이라 할 수 있다. 포스트식민주의는 주로 서구 열강과 그들의 식민지 사이의 관계를 다룬다. 또 보편적인 진술들이 서구의 정체성이나 지위를 모든 이들의 원형인 것처럼 가정하고 문화적 차이는 고려하지 않았기 때문에 잘못되었다고 주장한다.

이완의 〈메이드인〉 시리즈는 포스트식민주의적 관점으로 동시대를 바라보고 있다. 그는 자본주의 시스템에 의해 만들어진 생산물을 인간의 노동을 착취한 결과로 본다. 이와 같이 거대한 구조에 갇혀 있는 개인과 집단에게 어떤 영향을 미치고 변화시키는지에 대해 주목하고 있다. 〈메이드인〉 시리즈에는 신자유주의 경제 체제하에서의 국가 간의 관계와 모든 인과 관계를 통해 시간성, 공간성, 역사성을 이해하고자 하는 작가의 의도가 담겨 있다.

지금의 경제환경은 상품이 시장에 나와 포장되어 최소한의 이익을 내는 구조다. 미얀마에서 어린이들이 금광을 캐며 저임금에 착취당하는 모습을 보았다. 신자유주의의 양극단의 모습이다. 〈프로퍼 타임〉은 여기에서 나온 것이다.[29]

〈메이드인 타이완, sugar〉(2013), 〈메이드인 타일랜드, silk suits〉(2013), 〈메이드인 캄보디아, rice〉(2014), 〈메이드인 차이나〉, 〈메이드인 미얀마, gold〉(2014), 〈메이드인 코리아, 가발, 짚신〉(2015) 〈메이드인 인도네시아, coffee〉의 〈메이드인〉 시리즈를 진행하고 있고, 계속 진행될 것이다. 이완은 2017년 베니스비엔날레에 〈메이드인〉 시리즈를 출품했다.

타이완에 가서 사탕수수를 베어 전통적인 방식으로 수확했다. 비효율적인 행동을 하면서 설탕을 만드는 체험을 했다. 미얀마에서 금을 캤고, 태국의 실크 공장에서 뽕잎으로 누에를 먹이고 실을 뽑고, 염색 옷을 만드는 과정을 보았다. 말레이시아에서 팜, 라오스에서 접시, 인도네시아에서 나무 테이블, 베트남에서는 커피, 중국 티벳지역 수도원에서 파손된 마룻바닥을 가져와서 일회용 젓가락을 만들었다. 캄보디아에서는 직접 쌀을 생산했다. 7년 동안 여러 나라를 돌아다니면서 〈메이드인〉 시리즈 작업을 했다.[30]

이완이 〈메이드인〉 시리즈로 삼성 리움 전시에서 스펙트럼 작가상을 받은 이후 〈메이드인〉 시리즈가 관심을 받았다. 이완은 단돈 몇천 원이면 구할 수 있는 쌀의 이면에 감춰져 있는 구조를 들여다보기 위해 수천km를 날아와 씨를 뿌렸다. 두 달 반 후면 쌀을 수확했다. 그렇게 탄생한 작품이 〈메이드인 캄보디아〉다. 이렇듯 이완은 아시아 12개국을 방문해 쌀, 설탕, 젓가락 등을 만드는 체험을 영상으로 담았다. 여기에서 자연의 생명순환 논리가 아닌 교환가치의 법칙에 따라 지배되고 있는 세상을 볼 수 있다.

베니스비엔날레, 카운터밸런스

1988년 서울올림픽과 1990년 국립현대미술관 개관은 한국 현대미술의 전환점이다. 1995년 광주비엔날레가 개최되었다. 1990년대부터 한국미술에는 적극적으로 인종·젠더·도시유목민 등의 이슈issue 및 이주와 노동의 문제가 혼재되어 드러난다. 이때는 한국미술에 확장성·국제성·다양성의 문제가 대두된 시기이기도 하다. 당시 광주비엔날레를 필두로 한국미술을 세계에 알리는 등 상업화랑을 중심으로 국제아트페어 참가가 활발해졌다. 한국 현대미술은 문자적 그림·한지화·모노톤의 경향·역동적 추상·생성적인 공간 창출·생태에 관심을 기울인다. 설치예술도 자연 친화·응축된 형식 언어를 통한 현실 반추·혼합매체를 통한 표현영역의 확대 등 다양한 방법으로 연출되고 있다.

2017년 5월 13일 제57회 베니스비엔날레The 57th Venice Biennale[31] 한국관에 '카운터밸런스, 스톤 앤 마운틴Counterbalance, The Stone and the Mountain'전이 열렸다. 이완 작가는 신작 〈고유시Proper Time〉, 〈Mr. K 그리고 한국사 수집〉, 〈더 밝은 내일을 위하여〉, 〈불가능한 것의 가능성〉, 〈메이드인〉 시리즈를 비롯해 총 6점을 전시했다. 지난 30년간 한국계 미국인으로 살아온 코디 최는 카지노 캐피털리즘capitalism을 바탕으로 한 베네치아 랩소디를 건축 위에 크

게 내걸었다. 한국관에 비치되는 신문 『The Counterbalance』가 제작되었다.[32]

이완의 〈고유시Proper Time〉는 한 인물을 증인 삼아 그가 역사를 어떻게 관통해 왔는지 보여 주고 있다. 〈고유시Proper Time〉란 제목을 가진 시계방 설치로 개인이 한 끼의 식사를 위해 노동해야 하는 각자의 시간을 담고 있다. 스페인 큐레이터 이냐시오 카브레로는 "개인의 기억을 간직한 물건이 개인의 이야기를 넘어선 한 나라의 역사가 되도록 구성하고, 하나의 작품을 통해 여러 맥락을 상상하도록 만든 작가의 능력이 놀랍다."[33]라고 말했다.

베니스비엔날레 한국관 예술감독 이대형은 「COUNTER BALANCE」에서 "소수의 의견을 경청하지 못하는 다수, 약소국의 이민자를 포용하지 못하는 강대국의 신고립주의 등 작은 것과 큰 것 사이의 함수관계 속에서 '인간'에 대한 배려가 빠져 버린 21세기의 폭력성을 역설적으로 지적하고자 했다."[34]라며 기획 의도를 밝혔다.

이대형은 『월간미술세계』의 「가족이란 메타포로 균형이 깨진 세계를 보다」에서 다음과 같이 말했다.

> 우리는 시간적·공간적 관점에서 균형이 깨진 세계에 살고 있다. 가족 안에서도, 한국 사회 안에서도 가치의 균형이 깨져 있다. 세계 1등을 자처하며 글로벌리즘과 인권을 부르짖던 미국이 하루아침에 보호무역을 말하고 이민자를 차별한다는 사실이 얼마나 아이러니인가? 크게는 국가, 작게는 특정 집단들이 자신들의 이익을 위해 최소한의 배려와 휴머니티를 잃어 가고 있는 것 같다. 깨진 균형을 복권하고자 하는 운동에너지를 시각적으로 표현한 메타포가 바로 '카운터밸런스'다. 부재인 돌과 산은 비록 물리적 크기는 달라도 둘 사이

이완, 〈고유시Proper Time〉, 2017, 668clocks, dimension variable
이완, 〈내일을 위하여〉, 2016, plastic, 60×70×70cm

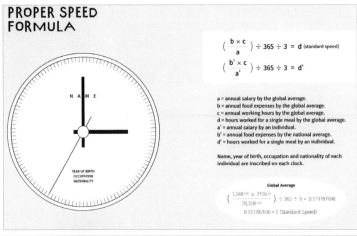

PROPER SPEED FORMULA

$$\left(\frac{b \times c}{a}\right) \div 365 \div 3 = d \text{ (standard speed)}$$

$$\left(\frac{b' \times c}{a'}\right) \div 365 \div 3 = d'$$

a = annual salary by the global average.
b = annual food expenses by the global average.
c = annual working hours by the global average.
d = hours worked for a single meal by the global average.
a' = annual salary by an individual.
b' = annual food expenses by the national average.
d' = hours worked for a single meal by an individual.

Name, year of birth, occupation and nationality of each individual are inscribed on each clock.

Global Average

$$\left(\frac{1,588^{USD} \times 2436^{hrs}}{20,328^{USD}}\right) \div 365 \div 3 = 0.173787690$$

0.173787690 = 1 (Standard Speed)

Awang Mohd Aizat Bin Awang Tuah

b. 1991, Malaysia
Corporate Communication Officer
Annual Income: 2,690 USD

"My mom would make chicken curry with potatoes and send it over whenever I am sad. Or she would just call me over to her house for curry so I can eat with the family. To me, that is family bonding and that is why I like curry."

5.3

$$\left(\frac{1,121.5^{USD} \times 2436^{hrs}}{2,690^{USD}}\right) \div 365 \div 3 = 0.927491979$$

Aizat's Clock Speed (0.173787690 : 0.927491979 = 1 : 5.3)

Tina

b. 1965, USA
Ice cream Parlor Owner
Annual Income: 70,000 USD

"My typical breakfast in the morning is simple. Since I have to go to work as soon as I wake up, breakfast is only usually a cup of coffee and a piece of toast. But my meals look different when the family gets together. I'll put more thought into it."

0.4

$$\left(\frac{2391.8^{USD} \times 2436^{hrs}}{70,000^{USD}}\right) \div 365 \div 3 = 0.076013370$$

Tina's Clock Speed (0.173787690 : 0.076013370 = 1 : 0.4)

의 본질은 다르지 않다는 점을 말한다. 큰 것과 작은 것, 위대한 것과 하찮은 것의 개념은 유동적일 수밖에 없고, 계속해서 평형상태로 돌아가려는 치유의 움직임이야말로 살아 있다는 증거다. 작은 것과 큰 것 사이의 함수관계 속에 '인간'에 대한 배려가 빠져 버린 21세기를 지적하고자 한다."[35]

독일 베를린 그로피우스 바우 미술관 관장 스테파니 로젠탈Stephanie Rosenthal 은 「LEE WAN COLLECTION」에서 이완은 '복고풍의 면모가 없는 21세기형 작가'라고 말했다.

이완의 작품이 흥미로운 이유는 현재의 다층적 상황을 포착해 내기 때문이다. 그는 의도적으로 누군가에 대해 묘사하거나 특정 사항을 언급하지 않는다. 오히려 다른 다양한 목소리를 끌어와 세상은 흑과 백으로 나누어지지 않는다. 나는 그 점이 매우 흥미로운데 '이건 분명히 이렇다'라고 말하지 않는 대신 요즘 일어나고 있는 여러 가지 어려움을 지목하는 것이다. 그런 측면에서 이완은 완전히 21세기형 작가다. 다른 작가들이 작업하는 방식에서 보이는 '복고풍'의 면모가 전혀 없다. 그는 다양한 기기의 사용법을 잘 알고 있고, 기술이 자신에게 가장 도움이 되는 방식으로 사용한다. 그는 주로 다큐멘터리 접근법을 사용하며 리서치를 하고 사실에 근거한 자료를 가져오며 그만의 통계법을 가지고 있다. 또 수학 공식을 사용하지만 동시에 예술 분야에서 자신이 가장 중요하게 여기는 것을 실천한다. 그것은 바로 경계를 흩트려 놓는 일이다. 그 결과 이완은 관객에게

2017 베니스비엔날레

각기 다른 정보를 줘 우리가 현상을 다르게 보게 하고, 모호한 영역
을 발견하게 한다.[36]

스테파니 로젠탈은 이완에 대해 사회에서 일어나는 다양한 현상을 고정시
키지 않고 다큐멘터리 접근법을 사용하여 실천을 통한 사유의 확장을 열어
가고 있다고 말했다.

이완은 베니스비엔날레에서 미스터 K의 역사를 위한 공간과 〈메이드인〉 시
리즈 작업을 진행했다. 〈고유시Proper Time〉는 전 세계 1,200여 명을 대상으로
온·오프라인 인터뷰를 통해 그중 668명을 상징하는 668개의 시계로 구성된
작품이다. 세상에서 가장 부정확한 668개의 시계가 역설적으로 668명의 삶
을 반영하고 있다.

아인슈타인의 상대성이론에 '고유시'[37]라는 말이 있다. 전 세계 사람들 인터뷰에서 한 끼 식사의 비용, 한 달 수입 GDP를 계산해 프로퍼 타임의 공식에 리서치research한 숫자를 집어넣었다. 한 사람, 한 사람 고유한 시간이 나왔다. 시간의 속도가 달라지는 장치를 만든 것이다.[38]

개별의 시계가 가리키는 시간의 개념이 미스터 K와 연결되듯 미래 세대와 연결된다. 〈내일을 위하여〉는 〈고유시Proper Time〉 가운데 설치된 조각작품으로 가짜 브론즈, 가짜 대리석으로 표정을 잃어버린 현대 가족사로 대변되는 한국의 오늘과 그들을 기다리는 공허한 미래를 담고 있다. 각 개인의 연봉·노동시간·식사 비용 등의 평균값을 작품으로 구현했으며, 전시장 벽을 가득 채운 시계는 모두 다른 삶의 속도처럼 각자 다른 속도로 회전한다. 세상에서 가장 부정확한 시계이지만 아이러니하게도 자본주의 현장에서의 개인이 맞닥뜨리고 있는 현실과 불균형한 세상을 짚어 내고자 했다. "즐거울 때와 벌받을 때 체감하는 시간이 다른 것과 같다. 세계의 다양한 사람들을 인터뷰해 아침 식사 때의 기억을 묻고 이를 수치화했다."[39]라고 말한다.

이완 작업은 바로 인연법因緣法과 통한다. 타자와의 관계 속에서 만들어진 것 자체가 고대부터 지금까지 연결되어 온 하나의 생명 고리이다. 이렇듯 과거, 현재, 미래는 끊임없이 연결되어 있다. 화쟁은 원효(617~686) 사상의 근본을 이루는 화해和解와 회통會通의 논리체계로 원효로부터 시작해 한국불교의 전통으로 이어 내려온 사상 원류이다. 모순과 대립을 하나의 체계 속에서 다룸으로 화쟁이라 했다. 화쟁은 여러 주장들을 서로 모은다는 의미이다. 화쟁은 불일불이不一不二 원리와 통한다. 이에 대해 원효는 다음과 같이 씨와 열매의 비유로 설명하고 있다.

열매와 씨가 하나가 아니니 그 모양이 같지 않기 때문이요, 그러나
다르지도 않으니 씨를 떠나서는 열매가 없기 때문이다. 또 씨와 열
매는 단절된 것도 아니니 열매가 이어져서 씨가 생기기 때문이요, 그
러나 늘 같음도 아니니 열매가 생기면 씨는 없어지기 때문이다. 씨는
열매 속에 들어가는 것이 아니니 열매일 때는 씨가 없기 때문이요, 열
매는 씨에서 나오는 것이 아니니 씨일 때는 열매가 없기 때문이다.
들어가지도 나오지도 않기 때문에 생生하는 것이 아니요, 늘 같지도
않고 끊어지지도 않기 때문에 멸滅하는 것이 아니다. 멸하지 않으므
로 없다고 말할 수 없고, 생하지 않으므로 있다고 말할 수 없다.[40]

씨는 스스로는 무엇이라 말할 수 없으나 열매와의 '차이'를 통해 의미를 갖
는다. 씨와 열매는 별개의 사물이므로 하나가 아니다不一. 사과 씨에서는 사
과를 맺고, 배 씨에서는 배가 나오듯, 씨의 유전자가 열매의 거의 모든 성질
을 결정하고 열매는 또 자신의 유전자를 씨에 남기니 둘이 아니다不二. 공空
이 생멸변화生滅變化의 전제가 되는 것이다. 세계는 홀로는 존재한다고 할 수
없지만, 자신을 공하다고 하여 타자를 존재하게 하는 것이다.

이렇듯 이완은 자본주의 시스템에 의해 길들어진 생산물을 인간 개인의 노
동을 착취한 결과로 보며 이와 같은 거대 구조가 개인과 집단에게 어떤 영향
을 미치고 변화시키는지에 대해 주목하고 있다.

시계방과 외부의 공간을 구별하고 싶었다. 구별이란 단어를 경험

으로 환치시켰다. 외부와 내부공간을 작은 문을 통해 연결했다. 관객들에게 경험을 주는 것이다. 시계방으로 들어가는 입구는 성인 한 사람만 머리를 수그리고 들어갈 정도로 작다. 몇몇 사람이 안에 들어가면 문이 작기 때문에 잘 보이지 않는다. 문이 없는 곳에 들어와 있는 착각을 불러일으킨다. 오직 가득 찬 시계와 짤각짤각 울리는 소리에만 집중할 수 있다.[41]

이는 한 사람의 개인, 국가, 전 세계로 연결된다. 그 안에 조각을 집어넣어 아이가 품에 안겨 있는데 그 아이가 미스터 K와 연결된다. 생명의 순환성을 말한 것이다. 조각의 제목은 〈밝은 내일을 위하여〉다. 개별의 독립된 작품들이 상호 긴밀하게 소통되고 있다.

무의미한 것에 대한 성실한 태도

이완은 고정된 형식에서 벗어나 역사, 시간, 공간에서 형성된 사유와 이미지를 작가만의 독창적인 시선으로 풀어내고 있다. 그는 근현대 시간과 공간을 넘나들며 세상과 연결되는 시각 통로를 자신만의 시선으로 보여 주고 있다. 이완은 고용한 노동자들에게 캔버스에 단색의 붓질을 하게 한 뒤 그 위에 자신이 붓질을 가했다. 이 작품은 사회 시스템이 제시하는 노동과 소비 구조에 길들어지는 몰개성시대가 다가오고 있음을 경고하고 있다.

이완은 〈무의미한 것에 대한 성실한 태도〉(2017)에 대해 다음과 같이 말했다.

수행성, 반복된 노동, 그 반복성 위에 무의식적으로 끄적거린 선

이완, 〈무의미한 것에 대한 성실한 태도〉, 2017

을 확대한 것이다. 직업소개소를 통해 소개받은 8명의 일용직 노동
자에게 시급 8천 원을 주고 가는 붓 1호로 대형, 중형 캔버스에 지정
된 색으로 3일간 성실하게 선을 그어 달라고 부탁했다. 캔버스 위에
낙서하듯 무의미한 선의 흔적을 남긴다. 이 작품은 단색화를 비판한
작품이 아니다. 나의 이미지는 과정의 결과물로 단색화 형태로 나온
작업이다. 유럽의 실험미술에서 보여 주는 단색화는 2차 세계대전과
이데올로기의 폭력성에 대한 반성의 태도가 담겨 있다. 〈무의미한 것
에 대한 성실한 태도〉는 유럽의 실험미술과 연결되어 있다. 나의 작
업에는 정신적, 추상적, 보이지 않는 것에서 영감을 받았다.[42]

단색화는 하나의 장르고 유럽의 앵포르멜 등의 실험 미술의 작업과 연결된
다. 1949년 독일에서 탄생한 젠Zen49라는 그룹이 있다. 이 그룹의 멤버들은

'정신적인 것'에 관심이 많았다. 그들 이후에 제로Zero라는 그룹도 탄생하게 되고, 백남준이 속했던 플럭서스Fluxus도 생겨난다. 플럭서스는 라틴어로 흐름, 변화를 뜻하며, 극단적이고 반예술적 실험 운동이었다. 단색화의 조형적 특성은 형상은 없어지고 본질을 추구하는 추상적 표현이다.

이완은 화이트큐브 갤러리에서 단색화 작업인 〈무의미한 것에 대한 성실한 태도〉와 이 작업과정을 담은 영상물을 전시했다. 이완의 회화시리즈는 무엇보다 누구나 쉽게 단색화를 떠올릴 수 있는 방식으로 제작 및 전시되었다.[43]

유럽의 실험미술 작가들은 과거에 대한 역사적 반성의 태도가 있었다. 2차 세계대전이 끝나고 난 직후여서 상실감이 반영되었다. 전쟁의 원인은 과거의 이데올로기였다. 과거의 상식을 파괴하는 개념미술과 실험미술이 태동하게 된 것은 당연한 것이다. 이 작품은 단색화, 자본주의 예술 자체에 대한 비평으로 볼 수 있다. 이렇듯 작가는 하나의 현상을 보고 다양하게 읽힐 수 있는 모순을 발견하기 위한 다양한 실험을 한다. 거울에 거울을 대는 것과 같은 느낌을 말하고 있다.

개념, 차이difference를 만들다

예술 창작행위는 인간의 역사, 기억, 삶의 경험들을 토대로 한다. 현대미술에서의 핵심은 담론discourse이다. 담론이 미술 안에 들어오면서 이야기하는 자리를 만든다. 끊임없이 작가와 만나고 예술세계를 공감하고 대화를 통해 그들의 생각을 바라보고 이해하는 소통의 작업이다.

이완의 〈메이드인〉 시리즈와 〈고유시〉, 〈무의미한 것에 대한 성실한 태도〉 등은 신자유주의 경제 체제하에서 국가와 국가 간의 관계에서부터 개인에게 이르는 모든 인간관계를 거시적 관점으로 이해하고자 하는 작가의 의도가 담겨 있다. 이 작품은 몰개성과 전체주의를 비판한다. "우리는 누구인가? 어디에서 왔으며, 어디로 가는가?"라는 집단과 개인, 객관적 기준과 주관적 사고 사이의 간극을 사회학적 관점으로 가시화시키고 있다.

우리는 왜곡으로부터 자유로울 수 없다. 자신도 모르게 구조나 대상에 갇힐 수 있다. 그래서 예술가에게 요구되어야 할 하나의 덕목을 꼽는다면 아마도 그것은 직관과 이성의 균형을 지켜 낼 수 있는 사유의 힘과 의지에 있다. 작가적 태도란 직관과 이성의 균형을 잃지 않기 위한 자기 검증의 의지를 무엇과도 타협하지 않는 데 있다. 이런 생각을 확장하면 예술 행위는 곧 주체적 사고와 인식의 근원을 드러내는 일, 화가나 감상자 자신에 대한 재인식의 과정으로 순환된다.

중세 사회는 신·인간·동물·식물로 마치 사다리가 늘어서 있듯이 이런 세계관에서는 모든 사물들이 자기의 위치를 차지하고 벗어나기 힘들다. 이런 중세적 사고는 선형적인 위계를 이루고 있다. 이런 위계적 사고를 거부하고 등장한 것이 근대적 사유다. 근대적 사유는 중세의 신의 자리에 인간이 자리를 차지하지만, 인간을 중심으로 모든 사물이 중세적 사고가 가지고 있는 편협성과 가치평가의 일방향성을 극복하지 못한다. 위계적 사고가 아니라 모든 사물이 평등하게 '그리고and'의 사이를 만들어 가는 사고를 꿈꿔야 한다.

『채근담菜根譚』에서 "꽃이 화분 속에 있으면 생기生氣가 부족하고, 새가 새장 안에 있으면 자연의 맛이 줄어드는 것이니, 산속의 꽃이나 새가 한데 어울려 무늬를 이루며, 마음껏 날아서 스스로 한가하게 즐거워하는 것만 같지 못하다."[44]라고 말한다. 시인 정호승鄭浩承(1950~)은 「새들은 지붕을 짓지 않는다」에서 다음과 같이 말한다.

새들은 지붕을 짓지 않는다.

잠이 든 채로 그대로 눈을 맞기 위하여

잠이 들었다가도 별들을 바라보기 위하여

외롭게 떨어지는 별똥별들을 위하여[45]

자연을 가두려는 것은 스스로 고삐를 매고 새장 안으로 들어가는 것과 같다. 새들이 지붕을 짓지 않는 이유는 머무르지 않기 위해서다. 이완은 세상과 연결되는 시각적 통로로 다양한 사물들의 평등한 관계를 섬세하게 드러내는 개념 작업을 하는 작가다. 그는 동시대를 살아가면서 겪게 되는 갈등과 사회적 문제에 관심이 많다. 획일화되고 몰개성화된 사회의 구조 속에서 인간의 주체성을 찾고 우리가 보지 못했던 차이difference를 발견하고 예리한 시선으로 추적해 들어간다. 작가 이완은 열린 사유로 균형balance을 찾기 위한 끊임없는 여정을 지금도 이어 가고 있다.

미주

1   이완 작가와의 대화, 성북동 NAW 카페, 2022. 2. 16.

2   이완 작가와의 대화, 성북동 NAW 카페, 2022. 2. 16.

3   까뜨린느 츠키니스, 「Korean pavilion」, 2017.

4   이완 작가와의 대화, 사월달 카페, 2022. 3. 12.

5   이완 작가와의 대화, 성북동 NAW 카페, 2022. 2. 16.

6   이완 작가와의 대화, 성북동 NAW 카페, 2022. 2. 16.

7   이완 작가와의 대화, 성북동 NAW 카페, 2022. 2. 16.

8   이완 작가와의 대화, 인사동 방앗간, 2022. 2. 24.

9   이완 작가와의 대화, 인사동 방앗간, 2022. 2. 24.

10 미니멀리즘이란 용어는 1937년 미국의 존 그레햄이 『미술의 체계와 변증법』에서 '사용매체의 최소
    화'라는 의미로 처음 주장하였다. 1965년 리차드 월하임이 『ART』지에 형식과 내용의 최소화를 의
    미하는 '미니멀 아트minimal art'를 발표하면서 대중적으로 사용하였다. 바바라 로즈Barbara Rose는 미
    니멀 작품들이 "기계적인 획일화로 인해 추상표현주의 양식과 격렬하게 대립되는 양식"이라고 말
    하면서 'ABC아트'라 하였다. 또한 '차가운 미술cool art', '오브제 아트object art'라고 부르기도 한다.
    김찬호, 『서양미술 이삭줍기』, 인문과교양, 2019.

11 이완 작가와의 대화, 인사동 방앗간, 2022. 2. 24.

12 이완 작가와의 대화, 인사동 방앗간, 2022. 2. 24.

13 이완 작가와의 대화, 인사동 방앗간, 2022. 2. 24.

14 나대경, 『학림옥로』.

15 이완 작가와의 대화, 사월달, 2022. 4. 1.

16 '쉽볼렛'과 '십볼렛'이라는 말은 성경 구약에 나오는 내용이다. 입다와 에브라임과의 싸움에서 에브
    라임 사람들이 퇴각하는 길목인 '요단강 나루턱'을 장악하고 에브라임 사람들을 색출했다. 같은 동
    족이기 때문에 겉모습만으로는 쉽게 색출할 수가 없었다. 그래서 '쉽볼렛'라는 단어를 발음하게 했
    습니다. '쉽볼렛'은 '곡식 이삭an ear of corn'이란 뜻이다. 그런데 에브라임 사람들은 '쉬Sh' 발음을 하
    지 못하고, '시s'로 발음했다. 이것을 이용해서 입다는 사람들에게 "쉽볼렛Shibboleth"을 발음하게 하
    여, 만일 "십볼렛Sibboleth"으로 발음하면 모두 죽이도록 했다. 외관상으로는 구분되지 않는 두 민족
    을 구분시키는 작업이었다.

17 이완 작가와의 대화, 인사동 방앗간, 2022. 3. 16.

18 정연심, 『한국 동시대 미술을 말하다』, 에이엔씨, p. 149.

19 루쉰, 김이랑 외 역, 『세계명작단편소설: 고향』, 시간과공간사, 1998.

20 이완 작가와의 대화, 인사동 방앗간, 2022. 2. 24.

21 포스트모더니즘이란 지나치게 지적이던 모더니즘 추상미술에 대한 반동으로 생겨난 표현주의 양
    식을 말한다. 모더니즘적 사고에 대한 저항을 말한다. 현대미술에서의 핵심은 담론discourse이다.

담론은 토론을 말한다. 포스트모던적 담론은 진리를 진리로서 가능하게 하는 권력 관계, 즉 지식과 권력의 상관관계를 구성하는 언어규칙을 뜻한다.

22 이완 작가와의 대화, 인사동 방앗간, 2022. 2 .24.

23 이완 작가와의 대화, 성북동 NAW 카페, 2022. 3. 7.

24 이완 작가와의 대화, 성북동 NAW 카페, 2022. 3. 7.

25 이완 작가와의 대화, 성북동 NAW 카페, 2022. 3. 7.

26 이완 작가와의 대화, 성북동 NAW 카페, 2022. 3. 7.

27 김영수, 「지속가능성과 포스트모더니즘의 탈구축 관점에서 본 미술가 이완의 작품 연구」, 2017, p. 37.

28 이완 작가와의 대화, 성북동 NAW 카페, 2022. 3. 7.

29 이완 작가와의 대화, 성북동 NAW 카페, 2022. 2. 16.

30 이완 작가와의 대화, 성북동 NAW 카페, 2022. 2. 16.

31 베니스비엔날레 제57회 국제미술전은 10일부터 12일까지 3일간의 프리뷰 기간을 거쳐 13일 공식 개막, 11월 26일까지 약 6개월간 전시가 열렸다. 2017년도 미술전은 커미셔너인 한국문화예술위원회와 주 후원사인 현대자동차 외에 네이버문화재단, 한솔제지, 삼성물산, 이노션, 313 아트프로젝트, 아트플레이스 등이 후원했다.

32 「COUNTER BALANCE」, 『2017 베니스비엔날레 한국관』, 2017.

33 이냐시오 카브레로, 「Korean pavilion」, 2017.

34 https://www.arko.or.kr/board/view/4057?cid=477786

35 이대형, 「가족이란 메타포로 균형이 깨진 세계를 바라보다」, 『월간미술세계』, vol. 390, 2018.

36 「COUNTER BALANCE」, 『2017 베니스비엔날레 한국관』, 2017.

37 고유시는 아인슈타인의 상대성이론에서, 어떤 물체에 일어난 사건을 그 물체와 함께 움직이는 시계로 잰 시각을 말한다. 좌표시coordinate time는 신 같은 존재가 측정한 시간을 말하고, 고유시proper time는 인간이 측정한 시간을 말한다. 신은 시공간을 초월해서 존재하기 때문에 그가 잰 시간을 실제 순수한 시간, 즉 좌표시로 둔다면 인간이 시공간 속에서 얽혀 있으면서 잰 시간은 시간 성분과 공간성분이 뒤얽힌 불순한 시간으로서, 그것을 고유시라고 하는 것이다.

38 이완 작가와의 대화, 성북동 NAW 카페, 2022. 2. 16.

39 이완 작가와의 대화, 성북동 NAW 카페, 2022. 3. 7.

40 "菓種不一 其相不同故 而亦不異 離種無菓故 又種菓不斷 菓續菓生故 而亦不常 菓生種滅故 種不入菓 菓時無種故 菓不出種 種時無菓故 不入不出故不生 不常不斷故不滅 不滅故不可說無 不生故不可說有 遠離二邊故 不可說爲亦有亦無 不當一中故 不可說非有非無". 元曉, 『金剛三昧經論』; 卷中, 『韓國佛敎全書』, 제1책, 625-중-하.

41 이완 작가와의 대화, 성북동 NAW 카페, 2022. 3. 7.

42 이완 작가와의 대화, 사월달 카페, 2022. 3. 9.

43 김기수, 「제도비판의 담론과 실천, 이완의 회화 시리즈와 박상우의 모노크롬 사진」, 『미학예술연구』, 53집, 2018, p. 263.

44 "花居盆內 終乏生機 鳥入籠中 便減天趣. 不若 山間花鳥 錯集成文 翶翔自若 自是悠然會心". 『菜根譚後集』, 55.

45 정호승, 「새들은 지붕을 짓지 않는다」.

Korea
Contemporary
Artist

로봇에
심장을 달다

———

최우람

Korea
Contemporary
Artist

최 우 람

Choi U Ram, 1970~

중앙대학교 조소과에서 학사와 석사를 마쳤다. 대만 타이중 국립미술관, 대구미술관, 뉴욕 아시아 소사이어트 뮤지엄, 도쿄 모리미술관 등에서 개인전을 가졌다. 국립현대미술관, 리움 삼성미술관, 상하이비엔날레, 리버풀비엔날레, 부산비엔날레, 광주비엔날레, 멘체스터트리엔날레, 우젠 국제미술전, 유즈뮤지엄, 싱가포르미술관 등 다수의 기획전에 참여했다. 2006년 포스코 스틸아트 어워드 대상을 받았고, 2009년 김세중 조각상 청년 조각 부문을 수상했으며 문화체육관광부 오늘의 젊은 예술가상을 받았다. 국립현대미술관MMCA의 'MMCA 현대차시리즈 2022' 작가로도 선정되었다.국립현대미술관, 서울시립미술관, 삼성미술관 리움, 미국 뉴어크미술관, 폴란드 포츠난의 아트 스테이션 파운데이션(포즈난, 폴란드), 홍콩 유즈 파운데이션(홍콩, 중국) 등 국내외 주요 미술기관 등에 작품이 소장되어 있다.

로봇에 심장을 달다

최우람은 물결의 흐름·바람에 흔들리는 풀·밝음과 어둠 등 자연의 흐름을 관찰한다. 가시적인 현상뿐 아니라 눈에 보이지 않는 비 온 뒤의 상쾌함과 같은 경험과 감성의 연결, 비가시적 세계도 그의 예술의 뿌리다. 비슷한 존재끼리 따로따로 존재하는 것을 층stra이라 한다. 층화가 무너지고 새로운 관계가 형성되는데 이를 탈층화라고 한다. 최우람은 고착화되고 관성화된 고정된 틀을 깨고 탈층화를 시도하고 있다.

현대사회에서 과학기술은 인간 생활과 따로 떼어 놓고 생각할 수 없다. 생명복제·유전자조작·핵기술·인터넷 바이러스와 해킹·에너지 기술 등 과학기술이 사회문제를 일으키고 인류사회의 전망을 어둡게 한다. 최우람은 존재하지 않는 미지의 생명체를 창조하는 풍부한 상상력과 컴퓨터 기술 등을 바탕으로 예술과 기술을 융합하여 낯선 기계생명체anima-machine를 통해 따뜻한

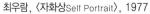

최우람, 〈자화상Self Portrait〉, 1977   최우람, 〈자화상Self Portrait〉, 2012

감성을 전하고 있다.

　기계 생명체의 핵심은 '움직임movement'이다. 금속의 기계들은 작가에 의해 '이야기'의 힘으로 새로운 시공간에서 살아 있는 생명체로 인간과 같은 또 다른 생명체로 탄생한다. 작가의 내면에 있는 상상 속 외계생명체를 꿈꾼다. 그가 만들어 낸 기계생명체는 경험 속에 있는 상상의 동물이나 이미지를 가지고 나오게 된 것이다. 최우람의 작품은 단순히 움직이는 것을 보는 재미, 혹은 우리가 상상하지 못했던 그 너머의 세계를 창조했다는 흥미를 넘어 미래를 다시 한번 생각해 보게 하는 힘이 있다.

　최우람은 어린 시절 장난감을 분해하고 조립하는 것을 좋아했고, 과학자가 되는 것이 꿈이었다. 그는 미술을 전공한 부모님과 시발始發 자동차를 만든 엔지니어이자 예술가인 할아버지에게서 예술적 재능을 물려받아 미술에 대한 재능이 뛰어났다. 최우람은 "1977년에 그린 〈자화상〉에 아버지가 유화 물감을 덧칠해 주셨는데 아버지와의 공동작업이라고 할 수 있다."라고 했다. 최우람의 〈자화상〉을 들여다보면 심장의 자리에 엔진이 들어 있다. 그는 자화상에 대해 "도화지 속에 두 팔을 벌린 인간과 고래 로봇이 있다. 핵전쟁이 일어난다는 공포심이 있었고, 로봇이 다 해 줄 것이라는 판타지를 그린 것이다."[1]라고 말했다. 이 그림이 최우람이 작가의 길로 들어서는 계기가 된 것이다. '로봇robot'이란 용어는 체코의 소설가 카렐 차페크Karel Capek(1890~1938)가 1920년에 쓴 『로숨의 유니버설 로봇R.U.R: Rossum's Universal Robots』이라는 희곡에서 처음으로 사용됐다. 시어터 길드의 1928~1929년 공연에서 로봇 라디우스가 헬레나에게 "나는 어떤 주인도 필요하지 않습니다. 나는 다른 사람의 주인이 되고 싶습니다."라고 처음 자기 존재감을 드러내고 있다.[2] 과학 문명의 발달에 따라 신神의 지위를 얻은 과학자가 인조인간을 창조하는 이야기로 인간과 로봇이 직면할 미래 변화를 예감하고 있다.

최우람은 "로봇이 악당을 물리치는 것보다 만화 속 로봇을 만드는 과학자가 되는 데 관심이 있었다."[3]라고 말했다. 최우람은 30년이 훨씬 지난 뒤 또 다른 자신을 발견한다. 1977년 어린 시절에 그렸던 로봇의 모습을 현대적으로 구현한 작품이 바로 2012년의 〈자화상〉이다.

> 과학자가 꿈이었지만 자연스럽게 미술을 전공한 부모님의 영향으로 아티스트가 되었다. 고등학교 때 찰흙을 손으로 주무르는 순간, 기계공학에 대한 과학자의 꿈은 한순간에 사라져 버리고 주무르는 대로 고유한 물성 자체를 그대로 가지고 있는 찰흙을 보면서 "이것 말고 다른 것이 없다."라는 생각을 하게 되었다. 그래서 미대 조소과에 입학하게 된 것이다.[4]

최우람은 어떤 계기로 기계생명체의 창조자가 된 것일까? 그 상상력의 뿌리가 궁금하다. 작업의 아이디어는 어디서 나오는가?

어린 시절 만화를 좋아했던 경험에서부터 시작된 것 같다. 또 움직임을 표현하기 위해 기계를 자주 접하다 보니 기계 자체에 대한 의문이 생겼는데, 자연스럽게 여기에 사람처럼 생명체를 가진 기계 이미지가 뒤따랐던 것이다. 이런 상상력이 발휘되어 현재의 작업이 탄생했다. 또 BBC 자연다큐멘터리 〈푸른행성Blue Plant〉을 즐겨 보는데 그중에서 '식물의 사생활Private Life of Plant'의 프로그램을 아주 좋아한다.[5]

이렇듯 작가에게는 어린 시절 만화, 영상 매체를 보고 느꼈던 인상이 작품의 영감이 되고 있다. 그의 운명을 바꾼 것은 대학 시절의 과제인 '움직이는 조각'을 만들어 보는 것에서 출발한다. 그는 그 도전을 통해 움직이는 기계 조각이라는 새로운 길을 찾았다.

대학교 3학년 수업시간에 교수님이 바람·손·기계장치 등을 사용해 '움직이는 형태를 만들어 보라'고 했다. 청계천에서 5천 원 주고 중고모터를 샀다. 그때 처음 기계를 써서 움직이는 조각을 만들었다. 기계공학을 배운 적이 없었기 때문에 5분 정도 움직이다 스스로 파괴되었다. 고장 나고 닳아서 없어지고 죽어 가고 다시 재활용되어 살아나는 순환구조가 기계 안에도 있다는 것을 느꼈다.[6]

움직이는 조각에 관심을 가진 최우람은 조금씩 진화를 거듭하며 거대하고 복잡한 기계생명체들을 만들게 됐다. 그리고 자신이 창조한 기계생명체들에게 탄생설화와 같은 이야기를 지어 주기 시작한다. 살아 있다는 것은 어떤 것인가? 기계에 생명을 불어넣을 수는 없는 것인가? 예술 행위가 인간을 가장 인간답게 해 줄 수 있지 않을까? 작가가 창조한 기계생명체는 살아 있음을 증명하고 인간과 소통하기를 원한다. 그래서 작가는 신화神話를 만들어 내고 있다.

최우람은 경험을 통해 엮어 온 예술이 진정한 예술 행위라는 것을 느낀다. 바다 위 하늘을 자유롭게 날아가는 갈매기는 자신을 주재하는 힘을 얻었다. 갈매기는 자기 생명의 키잡이가 되어 가고 싶은 곳을 향해 날아간다. 두려움을 향해 가는 여정이 아니다. 미지의 세계를 향해 떠난다는 것은 어떤 의미일까? 꿈과 희망! 그것은 타인이 주는 것이 아니라 스스로 개척하는 것이다.

단단한 쇠는 어디에서 온 것일까? 화산이 폭발하고 뜨거운 불을 만나 암석이 된다. 그 암석이 다시 불을 만나 쇠를 추출抽出한다. 생멸生滅의 조건은 어떤 것인가? 시작도 없고 끝도 없다. 해가 저물고 오늘도 창밖으로 눈이 내리고 있다.

차가움과 뜨거움의 절주節奏

어젯밤 내린 눈이 소나무에 소복이 쌓여 있다. 시리디시린 새벽 찬 공기와 아침 햇살을 받은 눈은 소나무 옆 큰 바위에 힘차게 떨어진다. 바위에 떨어진 눈이 얼었다가 녹아들고 있다. 들숨과 날숨이 반복하면서 기계생명체를 탄생시킨다. 최우람은 금속의 차가움 속에는 부드러움이 존재한다는 것을 느낀다.

최우람, 〈전기 담쟁이〉, 1998

최우람, 〈집단 광란〉, 1998

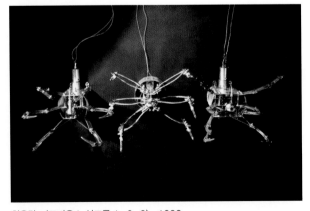

최우람, 〈모비우스 신드롬 1, 2, 3〉, 1998

문화culture란 자연의 상태에 인위人爲를 가하는 것이다. 인간은 자연에서 발견한 대상에 인위를 가해 새로운 물질을 만든다. 그 물질이 자연과 조화를 이루며 문명文明을 만든다. 최우람의 첫 번째 개인전 '문명∈숙주'전이 1998년 갤러리 보다에서 열렸다. '∈'은 '집합'이라는 의미다. 숙주란 기생 생물이 기생의 대상으로 삼는 동물이나 식물에서 나왔다. 숙주에서 문명이 만들어진 것으로 숙주가 문명을 포함한다는 뜻을 담고 있다. 전시에는 곤충이나 식물 등 여러 가지 움직이는 기계 등이 등장한다. 〈전기 담쟁이〉, 〈집단 광란〉, 〈모비우스 신드롬 1, 2, 3〉 등이다. 세 작품은 인간이 만들어 놓은 문명의 이기利己에 인간이 위험에 빠져 있다는 점을 경고하고 있는 듯하다. 최우람은 인간에 의해 버려진 기계들이 돌연변이를 일으키고 스스로 복제함으로써 결국 인간을 그들의 숙주로 만들어 버릴 수 있다는 상상에서 출발했다.[7] 인간의 욕망을 자양분으로 자라나는 기계생명체를 표현하고 있다. 이 작품 속에는 자기증식의 단계에 접어든 변종이 머지않은 미래에 나타날 것을 예감하고 있다.

2001년 헬로아트 갤러리에서 두 번째 개인전이 열렸다. 이 전시에는 〈170개의 박스로봇〉이 등장한다. 전시공간 바닥에 170여 개의 모터와 센서가 달린 박스들이 늘어서 있고 관람자가 발을 들여놓는 순간 옆에 있던 박스가 도망간다. 그러면 그 옆에 있는 박스들이 서로의 거리를 확보하기 위해 또 도망간다. 이렇게 박스들은 서로의 거리를 유지하기 위해 서로를 끊임없이 밀쳐 낸다. 가로, 세로, 높이 10cm 크기의 박스 하나하나에 센서가 내장되어 있어 모든 접근에 반응한다. 움직일 때는 빨간색, 파란색, 흰색, 노란색 불빛을 깜빡거린다. 로봇 표면에는 각종 광고 카피나 상품 로고가 붙어 있다.[8]

설치예술은 관람객이 참여하여 체험하고 공감함에 있다. 그래서 현대조각

최우람, 〈170개의 박스로봇〉, 2001, Scientific name, Anmorotic Boxia Uram Installation,
mixed mediums

에서 관람객·작품·장소가 중요하게 다뤄진다. 관람객은 작품과 상호 교감
하고 체험하면서 작품에서 전달되는 시각·청각·후각·미각 등 공감각을 느
끼게 된다. 설치예술이란 용어가 서구 미술사전에 등장한 것은 1970년대 이
후다.

1988년『옥스퍼드 사전』에는 "특정 전시를 목적으로 하는 갤러리에서 만
들어진 상황이나 아상블라주를 지칭하며, 1970년대 인기를 누린 용어"로 설
명한다.[9] 설치예술은 1950년대 해프닝에 그 뿌리를 두고 다양한 혼합매체를
사용하는 현대미술의 한 유형으로서 1990년대 주도적으로 나타난다.

작가의 철학은 지식의 습득으로만 얻어지는 것이 아니다. 지식이 필요하면
도서관에 가면 된다. 작가에게 진정으로 필요한 것은 사회의 다양한 문제와
이면에 작동하고 있는 현상을 발견하고 질문하고 대화하는 것이다. 과학자

가 지성과 이성만으로 탐구하는 것은 아니며, 예술가가 영감이나 직관, 감정에 의지해서만 작업하는 것은 아니다. 현대의 예술은 과학과 예술이 만나 새로운 접점을 만들어 가고 있다.

신화적 내러티브narrative

내러티브narrative는 시간과 공간에서 발생하는 인과관계로 엮어진 실제 혹은 허구적 사건들의 연결을 의미한다. 또한 문학이나 연극, 영화와 같은 예술 텍스트에서는 이야기를 조직하고 전개하기 위해 동원되는 다양한 전략·관습·코드·형식 등을 포괄하는 개념이다. 내러티브는 관객들에게 펼쳐지는 내용에 대한 합리적인 설명을 제공하고 이를 기초로 어떤 사건이 벌어질 것인가를 예측하게 해 준다. 그럼으로써 어떤 사건이나 감정의 발생이 어떻게 가능하게 되었는지에 대한 전개 과정을 보여 주는 것이다.

'움직임monement'은 그리스어 kinesis가 어원이다. 1920년 나움 가보Naum Gabo와 앙투안 페브스너Antoine Pensner가 리얼리스트 선언Realist Manifesto에서 키네틱이란 개념을 처음으로 예술 분야에 도입했다. 역사를 거슬러 올라가면 17세기에 유행했던 자동인형automata의 예를 찾을 수 있듯이 단순히 움직이는 사물이 예술작품이 되는 것은 아니다. 키네틱아트를 통해 단순히 움직이는 작품을 유희적으로 대면하기보다는 예술과 과학의 융합, 기계문명에 따른 새로운 미와 철학, 전통개념으로 본 미술과 새로운 개념의 미술, 작품과 관람자의 관계 등과 같은 보다 더 근본적인 탐구를 해야 함을 암시한다.

키네틱 아트란 움직임을 통합하는 예술이란 의미로 미술 작품은 고정되어 있고 보는 이도 멈춰서 감상한다는 종래의 관념을 뒤집는다. 또한 그림을 통해 균형 잡힌 구도나 공간탐험 같은 물리적인 움직임을 은유적으로 표현한다. 현대의 키네틱 아트는 기계적인 조작을 유지하면서 심리, 사회, 과학적 모델로서 현대사회의 변화와 역동성을 담아낸다.[10] 20세기 초부터 중반까지 다양한 미술사적 운동에서 영향을 받은 키네틱아트는 현대사회의 역동성·에너지·기계에 대한 예찬·다다이즘·미니멀리즘·개념주의의 탈물질 및 비물질화의 경향에서 영향받았다.

현대를 기술의 시대·전자의 시대·비디오의 시대라고 한다. 문화와 자연을 둘러싼 논의에서 자연은 미개·무질서·불확실·변화·무가치·소재를 가리킨다. 자연이란 혼돈이면서 무한이며 스스로 이루어지는 세계를 가리킨다. 문화는 개화·질서·구축·고정·가치·존재를 의미한다. 최우람의 기계생명체들은 작가만의 방식으로 식물계·동물계·동력·재료 등에서 찾아낸 비슷한 대상들의 이름과 발견자의 이름을 연결해서 이름 붙여진다. 고고학적 상상력을 바탕으로 한 가상의 이야기(혹은 신화)와 함께 기계장치로 정밀하게 제어되는 움직임을 부여받아 현대라는 시공간에서 의식과 무의식, 기계와 생명의 양립을 보여 준다.

최우람의 작업은 모터에 의해 금속 날개와 부품이 움직이며 숨을 쉬듯 움직인다. 작품의 재료로 기계 장치와 마이크로프로세서·금속·그리고 수지 등을 사용한다. 컴퓨터로 작품에 필요한 부속품을 재단하고 디자인했다. 미술 작품이 추구하는 미적 감성을 넘어 현대인들의 공학적인 감성을 자극한다. 풍부한 상상력과 컴퓨터 기술 등을 바탕으로 다채로운 작품들을 보여 준다. '움직임'이라는 요소를 가지고 시각예술의 의미를 탐구하고, 현대사회에서 기계와 인간의 관계에도 주목한 점을 볼 수 있다.

2002년 두아트갤러리에서 세 번째 개인전이 열렸다. 기계장치들로 조각을

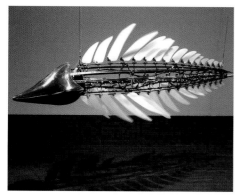 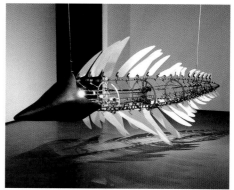

최우람, 〈울티마 머드폭스Ultima Mudfox〉, 2002, metallic material, machinery, acrylic, electronic device(CPU board, sensor, motor, small lightbulb), 65(h)×150(w)×55(d)cm

최우람, 〈울티마 머드폭스Ultima Mudfox(big)〉, 2002, metallic material, machinery, acrylic, electronic device(CPU board, sensor, motor, halogen bulb), 160(h)×350(w)×160(d)cm

만들고 이름을 붙여 주었다. 마치 과학계에서 생물에게 과학적인 분류에 의한 이름, 즉 학명을 붙여 주듯이 학명은 속명과 종명으로 구성되고, 라틴어를 사용했다. 작품 〈울티마 머드폭스Ultima Mudfox〉의 학명은 Anmoropral Delphinus delphis Uram이다. 속명은 Anmoropral이고, 종명은 Delphinus delphis이다. 이때부터 기계생명체에 스토리가 등장하고 동물도감이나 식물도감처럼 구체적인 증거물과 생자에 대한 연작도 이루어졌다. 〈울티마 머드폭스Ultima Mudfox(big)〉로 진화한다.

〈울티마 머드폭스Ultima Mudfox〉는 지하철 공사장에서 우연히 촬영된 이후 많은 과학자들에 의해 연구되고 있으나, 그들이 어떻게 단단한 진흙 속을 자유로이 유영하는지조차 알아내지 못하고 있다. 5년 전 지하 미지생명체에 대한 충격적 보도가 있은 후 수년간 많은 연구가 진행되어, 도심 지하에 약 2만여 종 이상의 무기 생명체가 존재

할 것이라는 추측과 함께 그 발생과 진화에 관련된 무수한 학설들이 발표되고 있다.[11]

〈울티마 머드폭스Ultima Mudfox〉는 지하철 공사장에서 우연히 촬영된 이후 많은 과학자들에 의해 연구되고 있다. 작가는 가상의 이야기를 통해 생각의 지평을 열어 주고 있다.

인간의 거주지 내부에 서식하는 이 금속성 곤충은 더듬이를 만지면 배에서 밝은 빛이 나온다. 아직 날도록 진화하지는 못한 것으로 보이나, 벌써 생명체와 닮은 날개를 가진 〈빛나는 처녀좌〉는 언젠가 우리 곁을 날아다니며 어둠을 밝혀 줄지도 모른다. 처녀좌는 신화에서처럼 봄마다 어두운 지하세계로부터 우리에게 따뜻한 온기와 생명을 가져다주는 여신의 상징이다.[12]

하늘에 열두 별자리가 보인다. 처녀좌는 열두 별자리 중 여섯째 별자리다. 밝게 빛나던 처녀좌가 사라졌다. 보리 이삭을 들고 있는 처녀의 모습을 한 처녀좌는 곤충으로 태어났다. 최우람은 2003년 〈빛나는 처녀좌Lumina Vigro〉에 생명을 부여한다.

2006년 'MAM 프로젝트: 도시에너지' 개인전이 일본 도쿄 모리미술관에서 열렸다. 모리미술관은 유망한 작가를 선정하여 전시회를 개최하는 MAMMori Art Museum 프로젝트를 시행하고 있다.

해외에서 첫 전시를 모리미술관에서 하게 되는 것을 보면 저는 참

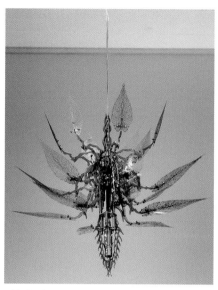

최우란, 〈어바너스 수컷Urbanus Male〉, 2006, Scientific name, Anmopista volaticus floris Uram, metallic material, machinery, acrylic, electronic device(CPU board, motor), 25(h)×25(w)×287(d)cm

최우람, 〈어바너스 암컷Urbanus Female Larva〉, 2006, Scientfic name, Anmopista Volaticus floris Uram, 50(h)×60(w)×60(d)cm

운이 좋은 사람이다. …… 하나의 전시를 구상할 때 1년 반에서 3년까지 비교적 오랜 준비기간이 걸리는데, 제가 경험한 외국에서의 전시체계는 작가들에게 충분한 준비기간을 보장해 주고 적극적으로 전시환경을 조성해 준다는 점에서 매우 편리한 것 같다.[13]

이 전시에서 최우람은 실존하는 생명체를 느끼게 하는 스토리텔링을 선보인다. 〈어바너스 암컷Urbanus Female Larva〉은 꽃과 유사한 형태의 몸체가 열고 닫기를 반복한다. 〈어바너스〉는 도시 에너지를 기반으로 광합성 작용을 하는 야행성 식물로, 암컷과 수컷으로 분류되어 있어 각각의 생식기관으로부터 빛을 발산하고, 빛의 입자를 만나기 위해 기다리며 배회하다가 어느 순간 그 빛을 자신의 촉수로 흡수하여 활성화한다.[14] 이는 단순한 상상을 넘어 자신의

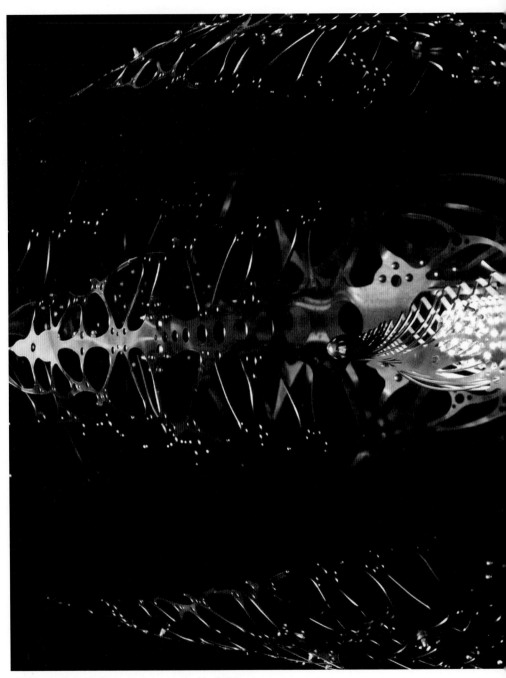

최우람, 〈어바너스 암컷Urbanus Female Larva〉, 2006

상상을 효과적으로 실현시킬 수 있는 기술과 정보가 절대적으로 필요한 시대가 된 것이다.

　　도쿄 야경에서 아이디어를 얻어 다양한 기계생명체를 만들어 전시를 열었다. 이때 탄생한 작품이 〈어바너스〉 시리즈로 네 작품을 만들었다. 〈어바너스 암컷 라바〉는 암컷이 소화에서 빛의 에너지로 전달해 준다. 짧은 공연 같은 작품이다.[15]

　　주위에는 〈어바너스 수컷Urbenus Male〉들도 있다. 알루미늄 등뼈와 플라스틱 지느러미들로 구성된 이 기계 생명체들을 위한 작업 도면도 전시장에 있는 LCD 모니터를 통해 전시되었다. 그리고 이 기계생명체들을 위한 내러티브도 만들었다.[16]

　　도시의 에너지를 기반으로 삶을 영위하는 새로운 기계생태계가 발견되었다. 국가 간 연합으로 추진되고 있는 생명에는 다양한 삶의 방식이 있다. 암수가 있다. 국가 간 연합으로 추진되고 있는 기계 생명체 연합 연구소U.R.A.M.: United Research of Anima Machine에서는 최근 놀라운 연구 결과를 발표했다. …… URAM은 이 새로운 기계 생명체를 어바너스Urbanus라고 명명하였는데, 어바너스Urbanus의 암컷은 꽃과 같은 형태를 하고 있으며, 축적된 에너지를 빛으로 방출하기 위해 약 15분을 간격으로 펼쳐진다. …… 어바너스Urbanus는 주로 밤에 활동하기 때문에 간혹 야간 촬영된 도시의 위성사진 속에서 발견되기도 하는데 이들은 인간의 도시문명과 깊은 관련을 맺고 있는 것

최우람, 〈Opertus Lunula Umbra(Hidden Shadow of Moon)〉, 2008, Scientific name: Anmopial Pennatus lunula Uram, aluminum, stainless steel, plastic, electronic device(BLDC motor motion computing system), closed 420(h)×420(w)×130(d)cm. open 500(h)×490(w)×360(d)cm. 2008, Installation view: Art station Foundation, Poznan.

최우람, 〈우나 루미노Una Lumino〉, 2008, Scientific name, Anmopispl Avearium cirripedia Uram, metallic material, motor, LED, CPU board, polycarbonate, 520(h)×430(w)× 430(d)cm

으로 앞으로 더 많은 연구가 필요할 것으로 보인다.[17]

최우람은 2006년 도쿄 모리미술관의 개인전과, 제6회 상하이비엔날레를 통해 국제적인 주목을 받기 시작했다. 2008년 도쿄 SCAI 베스하우스The Bath House에서 개인전 'Anima Machines'전을 열고 〈우나 루미노〉(2008)를 선보였으며, 같은 해 영국 리버풀비엔날레에는 〈우나 루미노〉와 〈Opertus Lunula Umbra(Hidden Shadow of Moon)〉를 출품했다. 〈우나 루미노Una Lumino〉는 따개비의 형태를 보이는데 따개비는 바다 생물로 위쪽 아가리에서 6쌍의 만각을 움직이면서 물속의 플랑크톤을 잡아먹는다. 작품의 재료는 폴리카보네이트polycarbonate로 플라스틱 중 가장 단단한 소재로 알려져 있다.

〈Opertus Lunula Umbra〉[18]는 전체 길이가 5.7m에 달하는 거대한 작품이다. 마치 공룡 화석처럼 보이는 이 기계장치는 전시공간에 매달린 채 조금씩 움직이기 시작한다. 이것의 날개 29쌍은 CNC(컴퓨터 수치제어) 가공을 통해 ABS 수지로 원형을 만든 뒤 그 위에 여러 종류의 무늬목을 입히고 그중 나무무늬가 가장 잘 드러나는 수종을 골라 실리콘으로 무늬를 떠내서 FRP 플라스틱으로 최종 모형을 만들어 색칠하는 공정을 거친 것이다.

어둠을 밝히는 작은 빛줄기가 피어난다. 꽃봉우리가 하나씩 터지면서 열리고 있다.

최근에 기계 생명체 연합 연구소U.R.A.M.: United Research of Anima Machine에서 발표한 자료에 의하면, 군집 생활을 영위하는 새로운 기계 생명체가 발견되었다고 한다. 이들은 마치 벌이나, 개미처럼 개별 생명체 간의 상호 소통체계를 가지고 있으며, 단합 행동 패턴을 보인

최우람, 〈Una Lumino Portentum〉, 2009, Scientific name, Anmopispl Avearium cirripedia Uram, metallic material, motor, LED, CPU board, polycarbonate, 180(h)× 360(w)×48(d)cm

다고 한다.[19]

〈우나 루미노 스피리투스〉 시리즈다. 51개의 기계 꽃송이가 피어나고 있다.

　　자연 다큐멘터리에서 바닷속 따개비를 보았다. 물 바깥에 나왔을
때는 입을 꼭 닫고 있다. 자신을 보호하기 위한 것이다. 그러나 물속
에 들어가면 입을 벌리고 군무처럼 움직이고 있었다.[20]

최우람은 따개비를 모티브로 도시 속 생명체를 상상했다. 차가운 금속은
5m에 가까운 거대한 원추 모양의 크기에 300여 개의 꽃송이가 펼쳐진다.
〈우나 루미노〉 시리즈는 개폐될 때 조명이 꺼졌다 켜졌다 하면서 살아 있는

생명체를 연상시킨다. 〈우나 루미노 포프텐톰〉으로 서서히 진화하면서 자라난다.

2010년 개인전 Kalpa전은 뉴욕 비트폼즈 갤러리에서 열렸다. 전시에서 선보인 것은 은하계의 모습을 이미지화한 것들이다. 허블 망원경이 우주 밖으로 나가서 발견한 궁극의 모습을 보여 주고자 했다. 허블이 보는 이미지는 수백억 년 전의 이미지, 지구가 생기기 전의 태초의 이미지다.

2010년 갤러리 현대 'POWERHOUSE'전은 미디어 테크놀로지를 접목하여 독자적인 예술 언어를 구사하는 한국의 미디어 및 설치작가 6인과 미디어아트의 선구자 백남준과 전시함으로써 한국 미디어 및 설치미술의 계보와 특징을 조망하고 있다. "최우람은 기계와 디지털 기술을 이용해 기계생명체를 발견해 우리에게 소개하는 작가로 그가 발견한 생명체들은 디지털화되고 기계화된 현대문명의 틈 속에서 그 독특한 외형과 이야기를 지닌 채 한순간 정말 존재하는 것처럼 우리에게 다가온다. 백남준의 작품에서 발견할 수 있었던 기계와의 유희가 최우람의 작품에서는 정교함으로 그 절정을 이루며 백남준의 로봇 휴머니티는 이제 최우람의 세계속에서 인간과 공존하는 기계생명체의 세계로 발전된다."[21]

미술평론가 반이정은 『한국 동시대 미술』에서 "기계생명체 작업은 시각 예술가 최우람 개인과 상이한 업종의 전문가들이 협업한 결과물이다. 최우람의 작업실은 소규모 공장에 가깝다. 그 안에서 일하는 스테프들은 최우람이 2000년대 초반 3년간 근무한 '마이크로 로봇'이라는 회사에서 만난 분야별 전문가들로 구성되었다. 그의 초기작 〈Can-Crab〉(2000)의 크레디트에는 '구조물 설계: 최우람, 제어 보드 설계, 정용원/제작지원: ㈜microrobot'라고 적혀 있다. 기계문명에 대한 최우람의 상상력이 작품으로 완성되면 배후에 전자제어와 조립에 능한 전문가들의 협업체계가 있다."[22]라고 말했다.

기계, 인간, 생명의 순환

움직임을 통해 좀 더 내밀한 이야기를 건네고 있다. 외연은 확장되고 이야기는 깊어졌지만 최우람의 작품이 여전히 기계-인간-생명의 순환고리 안에서 움직이며 작가 자신의 작품을 하나의 생명체로 다룬다는 점에서 주목할 만하다.[23]

그물net은 물고기를 잡는 데 필요하기도 하지만 외부의 침입으로부터 보호하기 위해 사용한다. 그물의 얼개는 부분들로 짜 이룬 전체의 뼈대를 말한다. 얼개의 교직交織을 통해 공간이 결정된다. 그렇게 결정된 공간에 의해 어디까지 취하고 어디까지 버릴지가 결정된다. 과학적 사유의 구조와 예술의 감각적 느낌의 얼개가 교차하면서 예술을 다각도로 잡아채 이해할 수 있는 논리적 상상의 그물을 제공해 준다. 우리는 그물이란 현상에 얽매여 있지 않은가? 태양을 가둘 수 있는 상상의 그물을 만들어 보자. 그것은 생각의 지평을 확장하면 될 것이다.

『장자』, 「외물편」에 "물고기를 잡으면 통발을 잊으라得魚忘筌."라는 말이 있다. 인간은 언어로 개념을 포착한다. 그러나 그 언어는 껍데기를 말할 뿐 본질을 찾지 못한다. 생각이 고착화되면 새로움에 대한 창작은 사라진다.

최우람은 2011년 뉴욕 아시아 소사이어티 미술관에서 개인전 'In Focus'를 열었다. 전시장에는 작품 〈쿠스토스 카붐〉을 설치하고, 밖에는 드로잉, 유닛과 구조 디자인, 관련 자료들이 스크린에 나타나게 했다. 〈쿠스토스 카붐〉은 뼈만 남은 동물처럼 생겼는데 호흡하면서 촉수를 상하로 움직인다. 이 작품

최우람, 〈쿠스토스 카붐Custos Cavumme〉, 2011, tallic material, resin, motor, gear, custom CPU board, LED, 220(h)×360(w)×260(d)cm

에도 다음과 같은 신화적인 내러티브를 담았다. 바다사자를 닮은 거대한 생명체가 움직인다. 〈쿠스토스 카붐〉(2011)이다. 여기에는 슬픈 전설이 있다. 아주 오래전 두 개의 세계가 있었다. 두 세계는 작은 구멍들로 서로 연결되어 있었고, 마치 숨 쉬는 것처럼 서로 통할 수 있었다. 그런데 그 구멍들은 자꾸만 닫히려는 성질이 있어서, 각각의 구멍 옆에는 늘 구멍을 지키는 수호자가 하나씩 있었다. '쿠스토스 카붐Custos Cavum'이라 불리던 이 수호자는 바다사자와 같은 형상을 하고 있었는데, 늘 구멍이 막히지 않도록 커다란 앞니로 구멍을 갉아 구멍을 유지하였다.

쿠스토스 카붐Custos Cavum들이 어딘가 새로운 구멍이 생겨나는 것을 느끼게 되면 깊은 잠에 들어가고, 죽은 듯 자고 있는 그들의 몸통에서는 유니쿠스Unicus라 불리는 날개 달린 홀씨들이 자라났다. 이

최우람, 〈우로보로스Ouroboros〉, 2012, metallic material, resin, 24K gold leaf, motor, machinery, custom CPU board, 12(h)×130(Ø)cm

유니쿠스Unicus들은 쿠스토스 카붐의 몸통에서 떨어져 다른 구멍으로 날아가 새로운 쿠스토스 카붐으로 자라나 새로 생겨난 구멍을 지켰다. 하지만 어느 날, 다른 세계에 대한 기억이 사람들의 머리에서 점차 사라지면서 쿠스토스 카붐들은 힘을 잃어 갔고 하나씩 하나씩 죽어 갔다. 결국 마지막 쿠스토스 카붐 마저 죽어가자 마지막 구멍도 닫혀 버리고, 두 개의 세계는 완전히 분리되어 사람들의 기억 속에서도 완전히 지워졌다. 어젯밤 나의 작은 마당에 마지막 남은 쿠스토스 카붐 뼈에서 유니쿠스Unicus들이 자라나기 시작했다. 세상 어딘가에 다른 세상과 통하는 구멍이 다시 열렸을 때 그들이 다시 자라나기 시작한다는 오래된 이야기처럼……[24]

신화는 먼 옛날의 이야기가 아니다. 신화는 전통적으로 어떤 신격神格을 중심으로 한, 하나의 전승적인 설화를 말한다. 우주 및 세계의 창조, 신이나 영웅의 사적, 민족의 기원 따위의, 고대인의 사유나 표상이 반영된 신성한 이야기이다. 우리는 신화를 통해 당대인의 사유 방식과 사회 현실을 읽을 수 있다. 그래서 신화는 지금 바로 여기 현재진행형이다. 최우람은 지금 현재 신화를 써 내려가고 있다.

어느 날 두 개의 세계를 지키던 쿠스토스 카붐은 죽었지만 그 홀씨들이 자라나 〈유니쿠스 카붐〉으로 탄생한다. 최우람의 기계생명체 시리즈는 자연 다큐멘터리를 보듯 상상의 결과물이 아닌 실제로 살아 있는 듯한 느낌을 준다. 그래서 우리를 환상의 세계로 이끈다.

최우람의 작품 〈우로보로스〉(2012)는 자신의 꼬리를 먹으며 자라는 것으로 원을 상징한다. 그리스어로 "꼬리를 삼키는 자"라는 뜻으로 커다란 뱀이 돌면서 자신의 꼬리를 삼키고 있다. 이는 영원한 순환을 상징한다. 탄생과 죽음을 되풀이하는 무한한 시간의 의미가 작품에 담겨 있다.

신화는 인간의 삶을 있는 그대로, 때로는 은유해 드러낸다. 신화 속 시간과 공간은 현실과 가상 사이에 있다. 신화는 가상의 이야기이지만 우리가 꿈꾸는 이상이자 실현할 수 있는 목표이기도 했다. 그래서 신화가 역사가 되기도 한다. 인간 세상은 신화에 기반을 두고 있다. 원圓은 이그러짐 없는 완전함을 의미한 것으로 신과 우주와 순환하는 삶을 보여 준다. 가스통 바슐라르Gaston Bachelard는 우로보로스가 "새로운 피부를 만드는 능력과 끊임없이 자신을 먹어 치우는 뱀"으로 순환을 상징한다고 했다. 우로보로스가 상징하고 있는 이 원은 시간적인 형태의 순환을 공간적인 형태로 현시하고 있다는 차원에서, 공간과 시간 밖에서 공간과 시간을 영원히 만들며 지속시키고 있다.[25]

새로운 시도, 물성의 불규칙성

최우람, 〈회전목마Merry-Go-Round〉, 2012, hand made merry-go-round, sound system, metallic material, motor, gear, custom CPU board, LED, 190(h)×110(w) ×110(d)cm

최우람, 〈파빌리온Pavilion〉, 2012, resin, wood, crystal, 24K gold leaf, plastic bag, metallic material, fan, motor, custom CPU board, LED, 244(h)×132(w)×112(d)cm

2012년 최우람은 잠시 대학에서 학생들을 지도했다. 그는 학생과 대화를 통해 오히려 많은 것을 배웠다. 지구촌에서 벌어진 다양한 사회 현상과 좀 더 복잡한 생명체가 지구에서 벌이고 있는 일들에 관심을 가졌다. 그래서 주제와 소재를 확장시키게 되었다. 최우람은 1990년대부터 기계생명체를 만들기 시작했다. 기계에 익숙해지는 데 시간이 걸린다. 기계는 선택의 문제고 그것에 익숙하게 되었다. 기계 장치에서 자유로워지고 싶었다.

빗방울이 떨어진다. 자연의 생명이 담겨 있는 불규칙성, 물 위에 떠 있는 배처럼 물결에 따라 움직이는 자연의 반응이다. 물성에 대한 불규칙성을 생각해 본다. 생명이 숨 쉰다. 음악에서 보여 주는 파형의 불규칙성, 액체의 물성에서 보여 주는 불규칙성이다. 최우람은 기계생명체를 만들고 그들에게 흥미로운 탄생설화를 수반하여 관객들을 상상의 세계로 이끌고 있다.

〈회전목마〉(2012)는 올라타고 싶은 욕구를 자극한다. 천천히 움직이던 회전목마가 어느 순간 속도를 높이면서 어지럽게 돌아간다. 천천히 회전할 때 들리던 소리는 점점 기괴한 소리와 함께 두려움을 느끼게 한다. 질주하는 속도감, 그것은 광폭한 속도에 맞춰 살아야 하는 현대인들의 비애처럼 느껴진다. 〈파빌리

온〉(2012)은 화려하고 가치 있는 것을 상징한다. 외부는 금빛으로 반짝이지만 그 안에는 물건을 포장하는 비닐봉지가 떠다니고 있다. 느림과 빠름, 가치 있게 보이는 것과 하찮게 보이는 것의 대비를 통해 삶의 의미를 생각하게 한다. 느림과 빠름은 가치 비교의 문제가 아니라 선택의 문제다.

최우람은 마주하는 일상에서 다듬어지지 않은 작고 소소한 들꽃과 마주한다. 작고 미미한 것에서 주어지는 힘과 가치에 위대함을 느낀다. 찌는 듯한 더위 속에서 청량하게 불어오는 바람의 상쾌함을 느꼈고, 칠흑 같은 밤, 반딧불에서 발산하는 작지만 강렬한 빛을 보았다. 존재의 가치는 외부의 작용에 의해 만들어지는 것이 아니라 내 마음에 있다. 시인 김용택의 산문집 『심심한

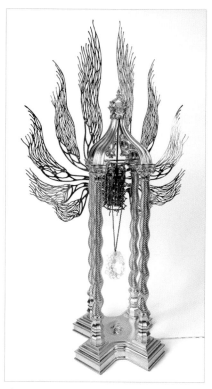

최우람, 〈Temple Lamp〉, 2013, metallic material, machinery, 24k gold leaf, glass, resin, electronic device(CPU board, motor, LED), 82(h)×36(w)×50(d)cm

날의 오후 다섯 시』에서는 일상에서 발견하는 소소한 의미를 전하고 있다.

들판 끝에 물드는 노을이 예술이다. 빈 논에 오는 눈이 그림이다. 전깃줄을 물어뜯는 바람 소리가 음악이다. 농부들이 널어 둔 벼가 그림이다. 내 삶이 예술이다. 내 앞에 서 있는 네가 시이고, 그림이고, 영화다. 당신이, 당신이, 그리고, 내가 지금 시다. 삶이 예술이다, 일상을 존중하라.[26]

불 켜진 램프가 등장한다. 램프샵은 인적 드문 길 위에 홀로 빛을 내며 서 있는 작은 공방에서 로봇을 만들고자 했던 작가의 어린 시절 꿈을 담고 있다. 램프샵 속에서 살아 움직이는 샹들리에는 작가가 스쿠버다이빙을 하면서 보았던 산호초의 움직임과 닮아 있다. 신작에 등장하는 램프가 뿜어내는 빛은 과거의 경험과 기억을 비추는 것이다.[27] 이번 프로젝트는 작가의 기계생명체에 대한 사유와 상상력이 현실이 되는 순간을 경험한다. 〈Temple Lamp〉(2013)는 대학 시절 배낭여행에서 만난 바티칸 성 베드로 성당의 베르디니(1598~1680)가 세운 발다키노天蓋제단 형태에서 영감을 받았다. 빛나는 불빛은 생명을 상징한다.

최우람은 기계 부산물에 관심이 많아 폐차장에 갔고, 버려진 헤드라이트로 빛을 만들었다. 〈URC 1〉(2014), 〈URC 2〉(2016)는 120여 대의 차량에서 버려진 자동차 전조등을 떼어 만든 헤드라이트를 되살려 준 작품이다. 두 개의

최우람, 〈URC 1〉, 2014, motor headlights, steel, COB LED, aluminium radiator, DMX controller, PC, 296(h)×312(w)× 332(d)cm

최우람, 〈URC 2〉, 2016, Hyundai Motors Taillights, metaillic material, LED, custom cpu board, PC, 200(w)×350(h)× 200(d)cm

별이 마치 살아 있는 듯 자신의 소리를 내고 있다. 이 두 작품은 무수한 별들이 강한 빛의 태양을 마주하고 있는 듯하다.

> 지구는 돌고 있다. 거기서 나오는 전파를 측정한다. 계속 잡음이 생기는데 그것을 레코드판처럼 녹음을 해 놓은 것을 나사에서 받아 이 공간에 틀어 놓은 것이다.[28]

고정궤도 위성이 있는 지구 소리를 나사에서 받아 틀어 놓은 것이다. 버려졌던 존재가 빛과 소리를 통해 살아났다. 최우람이 창조하는 방식에는 깊은 울림이 있다. 버려진 자동차가 빛과 소리를 통해 다시 살아나고 있다. 과학자를 꿈꿨던 그는 세상에서 가장 아름답고 경이로운 조각가가 되었다.

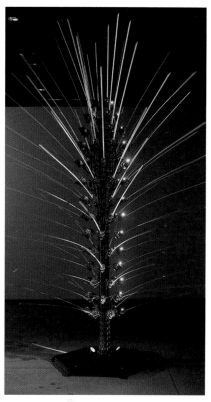

최우람, 〈놈Norm〉, 2016, metallic material, tape measure, Resin, motor, gear, custom CPU board, LED, 165(w)×367(h)×165(d)cm

2016년 점수로 평가하고 줄을 세우는 세상을 다루고 있는 〈놈〉(2016)을 발표했다. 자연과 세상이 인류와 공존하기 위해 어떤 노력을 하고 있는지 생각하게 한다. 과학적 상상력, 기술과 결합한 작업방식, 금속 재료로 자신만의 스토리텔링으로 현대미술의 새로운 지평을 열어 가고 있다.

최우람의 작업은 2018년 변화를 보인다. 그는 영구적인 단단한 금속성 물

최우람, 〈핑크 히스테리아Pink Hysteria〉, 2018, metallic material, glass, vinyl, electronic device(CPU board, motor), 271(w)×271(d)×211(h)cm

최우람, 〈하나: 이 박사님께 드리는 답장〉, 2020, metallic material, soft tyvek, motor, electronic device(custom CPU board, LED), 250(h)×250(w)×180(d)cm

질을 사용하던 기존의 방식과 다르게 사회나 군중심리, 유행에 휩쓸리는 사람들을 표현한 〈핑크 히스테리아Pink Hysteria〉(2018)는 비닐로 작업했다.

〈하나One: 이 박사님께 드리는 답장〉(2020)은 세월에 닳고 닳아 곧 소멸할 것 같은 오래된 책과 유사한 재질을 보여 주는 천(방호복)을 사용했다. 그것을 찢은 효과가 한지와 비슷했기 때문이다.[29] 이 작품은 미술애호가인 이 박사를 만나 대화를 나누고 작가가 미처 깨닫지 못한 부분에 대해 생각할 수 있게 해 준 것에 대한 감사의 의미를 담고 있다.

> 조각을 전공했기 때문일 수도 있는데 나의 작품이 어디에서든 형태를 갖춰 오랫동안 유지되어야 한다는 강박 같은 게 있었다. 그러다 보니 자연히 단단한 물질로 이뤄진 작품을 만들어 왔다. 이제는 그런 생각을 극복해 보고 싶었다. 그래서 영구적이지 않아 보이는 구겨지고 낡은 것 같은 재료를 써 봤다. 아마 금속보다는 빨리 변하겠지만 재료가 주는 느낌이 내가 표현하고자 하는 것에 더 가깝다면 사용하기로 마음을 바꿨다.[30]

〈하나One: 이 박사님께 드리는 답장〉은 피었다 지기를 반복하는 꽃의 형상이 마치 살아 있는 생명체가 숨을 쉬는 듯하다. 현재를 살아가는 인간의 시공간이 하나로 연결되어 있음을 의미한다. 피었다 지기를 반복하는 거대한 꽃의 형상을 하고 있다.

> 시작과 끝, 삶과 죽음을 한 덩어리로 묶으려 하다 보니 시간을 담은 역사의 페이지를 담고 싶었고, 꽃의 형상을 한 그동안의 작품보다

더 많은 꽃잎의 층layer이 필요했다. 역사의 페이지는 실제 꽃잎보다 더 많은 무한대의 페이지를 갖고 있을 테니까. 그 페이지들이 열리고 닫히는 과정들을 반복하려고 하다 보니 더 풍성해질 수밖에 없었고, 아마 그래서 어떤 존재로 느껴질 만큼 강하게 다가왔나 보다.[31]

우리가 세상을 본다고 하는 것은 무엇을 본다는 것인가? 칠흑같이 어두운 공간속에서 무언가를 보기 위해서는 무엇이 필요한가? 우리는 빛을 통해서 세상을 바라본다. 빛이라는 전자기파를 이용해 공간을 인식하게 되었고 이것은 생존과 직결되었다. 빛과 소리는 살아 있는 에너지를 느낄 수 있게 해 주는 요소다. 빛은 각각 파장이 다른 여러 색깔의 조합으로 물체의 색깔은 물체 표면에서 빛의 어떤 부분이 반사되느냐에 따라 결정된다. 따라서 빛은 물체가 여러 색조를 띨 수 있게 하여 사람의 눈을 즐겁게 한다. 빛은 또한 지상의 생명체가 살아가는 데 필수적이다.

히브리어 오르와, 그리스어 포스는 등불이나 태양과 같은 발광체로부터 발산되는 것을 가리키며, 문자적으로 어둠에 반대되는 것을 가리킨다. 최우람의 작품에는 대부분 빛이 등장한다. 그는 "빛은 맥박이나 살아 있음을 전달하는 요소 중 하나라 적극적으로 활용한다."[32]라고 말했다. 빛과 소리가 작품의 고유성을 해칠 수도 있다. 그래서 작가는 더욱 작품과 빛, 소리의 교감에 대해 고민하고 있다. "음악은 듣는 순간 감정으로 직결되기 때문에 내가 보여주고자 하는 이미지를 일방적으로 밀어 넣게 될까 봐 조심스럽다."[33] 빛과 음악은 울림과 증폭이 크기 때문에 작품이 말하고자 하는 고유성을 다칠 수가 있는 것이다. 최우람은 빛과 음악이 작품에 생명력을 부여하기도 하지만, 자칫 작품의 고유성을 흔들어 놓을 수 있다는 점을 잊지 않고 있다.

움직임을 감지하기 위해서는 멈춤이 중요하다

〈Orbis〉(2020)는 코로나19로 타이완臺灣에 가지 않고 현장팀과 화상통화로 설치가 진행된 작품이다. 현지스태프와 브리핑을 하고 동영상으로 촬영한 조립과정을 보여 주면서 완성했다. 작가가 직접 가지 않아도 설치가 용이한 가장 효율적인 방법들을 찾았고 설치와 철수를 위한 매뉴얼을 정리하게 되었다. 〈Orbis〉는 물리적으로 움직임과 정지함이 함께한다는 차원뿐 아니라 움직이는데도 고요하게 정지한 것 같은 느낌을 담았다.

> 연출된 작품 안에서 움직임뿐 아니라 멈춰 있는 시간은 매우 중요하다. 움직임을 감지할 수 있으려면 멈춤의 시간이 있어야 하기 때문이다. 변화 없이 끝없이 움직이는 것은 감각적으로 멈춰 있는 것과 같다. 멈췄다. 움직였다. 어두웠다가 밝았다 하는 변화가 있어야 존재를 인식할 수 있다. 내 작품을 정적이라 느낀 것은 내가 의도한 대로 집중해서 봐 줬기 때문인 것 같다. 보통 일상에서 못 보던 새로운 무엇이 나타나면 심리적으로 그것에 집중할 수밖에 없다. 내가 만드는 것도 새로운 존재에 가깝고 살면서 한 번도 보지 못한 어떤 것일 테니 거기에 집중해 보는 순간 고요해질 것이다.[34]

움직임을 감지하기 위해서는 멈춤이 중요하다. 미세한 움직임을 위한 멈춤이다. 그것은 전기장치로 움직인다. 우리 삶에서 물이 없이는 살 수 없듯이 기계생명체는 전기를 먹고 산다. 대상을 작동하게 하는 힘은 어디에서 오는 것일까?

최우람, 〈Orbis(detail)〉, 2020, metallic material, machinery, electronic device(CPU board, motor, LED), 245(w) ×738(L)×233(h)cm

〈서바이벌 패밀리Survival Family〉(2017)에서 전기가 사라진 삶에 사람들이 적응하는 영화가 있다. 전기가 사라졌다고 멸망하는 것은 아니지만 정말 할 수 있는 게 하나도 없다는 것을 알 수 있다. 일단 펌프가 멈추니 물이 안 나오고 기본적인 생활이 불가능하다. 자동차도 운행할 수 없어 자전거를 타고 이동한다. 과학적으로 완전히 불가능한 일은 아니다. 작품이 움직여야 한다는 절대적 원칙을 세우고 작업하는 것은 아니다. 만약 그 같은 상황이 현실이 된다면 다른 방식을 표현하지 않을까 싶다. 내가 세계로부터 받은 느낌을 표현하는 데 살아 움직이는 생명체처럼 작동하는 것들이 필요했고, 전기가 가장 효율적이어서 사용하는 것이다.[35]

최우람, 〈태양의 노래〉, 2021, metallic material, resin, motor, electronic device(custom CPU board, LED), 2,230(h)×5,270(w)×2,630(d)cm

영화 〈서바이벌 패밀리〉는 2003년 북아메리카에서 일어난 대정전사태에서 영감을 얻은 작품이다. 최우람도 지금 부딪치고 있는 현실에서 효율적인 것을 찾아가고 있다.

2021년 〈태양의 노래〉는 스틸아트 페스티발 10주년 기념으로, 노래에 영감을 받아 생명과 기계문명 그리고 인간과의 관계를 주제로 만든 작품이다. 작업 시간은 설계 6개월, 작동 기간 3, 4개월 총 1년의 시간이 걸렸다.

포항스틸아트 10주년 기념작인 〈태양의 노래〉는 포항제철소를 둘러보고 쇳물에서 뿜어져 나오는 에너지가 동해에 떠오른 태양과 일치하는 느낌을 표현했다. 이 작품은 호미곶 전설인 연오랑 세오녀의 이야기에서 힌트를 얻었다. 연오랑과 세오녀가 일본으로 건너가게 되자 해와 달이 빛을 잃었는데, 세오녀의 비단으로 제사를 지내자 다시 빛을 회복하게 되었다는 설화다. 포항의 녹는 쇠에서 뿜어져 나오는 에너지와 떠오른 태양의 이미지, 연오랑 세오녀의 태양과 달의 신화가 어우러져 날아가는 이미지로 형상화된 것이다. 황금빛 물결이 황금빛 날개로 형상화된 것이다.

〈태양의 노래〉는 우리가 앞으로 나아가는 원동력을 찾고자 한 작품이다. 포항문화재단의 도움을 받아 포항제철소에 갔다. 용광로, 제반 제철소의 시설들을 한눈에 보았다. 파이프, 스팀, 열기, 수많은 자동차가 하나의 커다란 유기체와 같았다. 그것이 큰 영감을 주었다. 포항제철에서 처음 쇳물을 뽑아 냈던 것을 보여 줬다. 그 열기를 느꼈다. 쇳물을 뽑는 순간을 보았다. 강렬한 에너지가 뿜어져 나오는 장면이 동해에 떠오른 태양과 일치가 되었다.[36]

기계란 무엇인가? 기계문명이 인간과 어떤 관계를 맺고 있는가? 우리는 왜 도구를 끊임없이 만들고 있는가? 도구는 우리의 미래를 어떻게 바꿀 것인가? 최우람의 작업에서 고민하는 지점이다.

상상의 세계가 젓가락을 만들고, 거기에 바퀴가 달려서 빨리 가고 싶다는 욕망으로 자동차를 만들고, 새처럼 날고 싶은 욕망이 비행기를 만든다. 인간의 꿈이 형태화된 것이 기계이다. 그런 기계들이 우리와 어떤 관계를 맺고 있으며, 어떤 식의 꿈이 투영되는가? 그렇기 때문에 그 재료가 생명에 어떤 이유로 쓰였냐가 중요하다. 기계는 주로 금속으로 만든다. 그래서 기계가 살아 있다는 인상을 강력하게 주는 것이 금속이다. 실제 금속은 딱딱 하지만 적당히 말랑말랑하고,

그 안에 여러 가지 의미를 담아낼 수 있는 재료다.[37]

작가는 떠오르는 이미지를 그림으로 그렸다. 이미지로만 있던 작업이 선정되었고 꿈에 있던 그림을 현실로 옮기기 위해 수많은 테스트를 하고 시행착오를 거쳐 만들어진다. 〈태양의 노래〉는 형상 이면에 담긴 포항의 역사와 문화·예술·마음과 꿈·미래로 가는 상상들을 구체화시켜 표현하고 있다.

드러남과 드러나지 않음의 사이

왕양명(1472~1528)이 제자들과 남진에 놀러 갔을 때다. 한 제자가 절벽에 만개한 진달래꽃을 가리키며 물었다.

> 천하에 마음 밖의 사물이란 없다고 하셨는데, 이 꽃은 깊은 산중
> 에서 스스로 피어나서 지고 있다면, 이 꽃나무는 나의 마음과 무슨
> 상관이 있습니까? 선생께서 대답하셨다. 네가 이 꽃을 보지 않았을
> 때는 이 꽃은 너의 마음과 함께 고요 속에 있었다. 그러나 네가 와서
> 이 꽃을 보는 순간 이 꽃의 색깔이 마음속에서 선명해졌을 것이다.
> 그러니 이 꽃이 나의 마음 밖에 있지 않았음을 알 수가 있다.[38]

왕양명은 꽃을 통해 인식하기 이전의 세계와 인식한 이후의 세계를 설명하고 있다. 인식은 만개한 진달래꽃처럼 세상의 상호관계 속에서 만들어지고 우리에게 선명한 느낌으로 전달되는 것이다.

빛, 움직임을 비롯한 현대적인 테크놀로지를 적극적으로 활용하는 작가 최

우람은 첨단 과학기술을 작품에 융합시켜 사이버네틱스·텔레마틱스·로보 틱스라는 명칭의 작품을 제작하고 있다.[39] 움직임이라는 개념이 어떻게 물리 적 또는 시각적으로 해석되었으며 어떠한 방식으로 재현되고 있는지 현재의 디지털 기술이 다른 예술 매체의 물질성과 어떤 방식으로 조화를 이루고 있 는지 생각해 본다.

현대미술은 고정관념을 거부한다. 뒤샹은 공장에서 대량생산하는 소변기 를 전시장에 진열하고서 샘이라는 작품명을 부과했다. 버트런드 러셀은 "예 술에는 천재가 없이는 가치 있는 것이 아무것도 이루어질 수 없다. 반면에 과 학은 범재라도 최상의 성취를 이룰 수 있다."라고 말했다. 예술은 특정 목적 에 얽매이지 않고 기술적인 곤란을 극복하여 언제나 현상을 초월하려는 정신 의 모험성에 뿌리를 두며 미적인 소통을 지향하는 활동을 한다.[40]

2016년 대구미술관기획전 최우람 스틸라이프전에서 대구미술관 관장 최 승훈은 "실제 살아 있는 듯한 유연한 움직임을 지닌 최우람의 기계생명체는 기술이 발달한 현대사회에서 인간과 기계의 관계 그리고 종교와 철학, 자연 에 대한 작가의 관심에서 비롯된 생명에 대한 사유가 함유되어 있다."[41]라고 말했다. 최우람에게 예술이란? "인간이 가지고 있는 특징 가운데 다른 생명체 나 다른 현상이 가지고 있는 것을 다 떼어 내고 정말 인간만이 가지고 있는 어떤 그걸 남겨 논다면 그것이 예술이 아닐까? 생각한다. 나는 여전히 그걸 찾아가고 있다."[42]

최우람의 작업에는 생성과 소멸이 함께한다. "활짝 핀 꽃은 그 안에 죽음이 있기 때문에 아름다운 것이다. 사람들은 조화보다 생화를 좋아한다. 시간이 지나면 소멸하고 사라질 것을 알지만, 유한하기 때문에 사라질 것을 알면서 도 생명을 가진 존재에 더 마음이 가는 것이다."[43] 최우람은 세상과의 상호관계를 인식한다. 보이는 것과 보이지 않는 경계를 작품에 드러내고 있으며 기계-인간-생명으로의 순환과 사유의 확장을 이끌어 내고 있다.

미주

1 「Sky A&C Atelier Story: 최우람 편」, 2016. 12.

2 카렐 차페크, 김희숙, 『로봇』, 모비딕, 2015.

3 최우람 작가와의 대화, Brilliant Ideas, 2015.

4 최우람 작가와의 대화, Brilliant Ideas, 2015.

5 전영백 편, 『22명의 예술가, 시대와 소통하다』, 궁리, 2010, p. 521.

6 최우람 작가와의 대화, The Creators Project Interview, 2011.

7 송미숙, 「최우람의 키네틱사이보그/아니마 머신 이야기」, 『오늘의 작가를 말하다 3』, 학고재, 2011.

8 강미정, 장현경, 『한국미디어아트의 흐름』, 북코리아, 2020.

9 정연심, 『한국 동시대미술을 말하다』, 에이앤씨, 2016. p. 55.

10 마이클 버드, 김호경 역, 『예술을 뒤바꾼 아이디어 100』, 시드포스트, 2014, p. 162.

11 http://www.uram.net/kor_new/intro_kr.html

12 http://www.uram.net/kor_new/intro_kr.html

13 전영백 편, 『22명의 예술가, 시대와 소통하다』, 궁리, 2010, p. 531.

14 김이순, 「한국 근현대미술에서 '조각' 개념과 그 전개」, 『한국근현대미술사학』, 제22집, 2011, p. 45.

15 「Sky A&C Atelier Story: 최우람 편」, 2016. 12.

16 강미정, 장현경, 『한국미디어아트의 흐름』, 북코리아, 2020.

17 http://www.uram.net/kor_new/intro_kr.html

18 http://www.uram.net/kor_new/intro_kr.html. 최근 달빛의 에너지를 연구하던 몇몇 과학자들은 태양광선이 달에 반사될 때, 대부분의 빛 에너지가 달에 흡수되는 대신 인간의 환상을 증폭시키는 에너지를 다량 방출한다는 것을 발견했다. 특히 바다와 인접한 오래된 항구도시 주변은 신세계로부터 전해지는 수많은 환상들이 모여드는 곳으로, 그 증폭의 정도가 내륙의 도시들보다 크며 간혹 환상 그 자체가 물리적으로 실현되는 일도 발생한다고 한다. 2008년 영국 리버풀에서 발견된 'Opertus Lunula Umbra'는 알버트 독Albert Dock에서 수면에 반사된 달을 바라보던 어린이에 의해 처음 관찰되었는데, 이것은 달빛에 의한 환상의 현시화에 대한 대표적 예라고 할 수 있다. 'Opertus Lunula Umbra'는 달빛과 물, 바람 그리고 관찰자의 환상에 의해 항구도시 주변 어디서든 쉽게 발견할 수 있으며, 그 크기와 모양도 다양하여 현재 종을 분류하려는 시도가 이루어지고 있다. 국가 간의 연합 기계 생명체 연구소 'U.R.A.M.United Research of Anima Machine'에서는 이 생명체의 기반이 과거에 침몰된 배들과 현대의 배를 구성하는 구조 및 기계들로 이루진 것을 발견하였으며, 이것을 새로운 종의 'Anima machine'으로 규정하고 이들을 관찰하기 위한 장치를 제작하기에 이르렀다. 그 성과로 현재 영국 리버풀 FACT에 전시되어 있는 초대형 'Opertus Lunula Umbra'의 모형을 제작하였다. 이 모형은 알버트 독Albert Dock에 현존하며 지금까지 알려진 바로는 가장 크고 진화된 종을 기반으로 제작되었다. 달빛이 강해지는 보름날 풍속 3노트 정도의 바람이 수면 위로

불 때 그 모습을 관찰하기 가장 쉽다고 한다. 작은 종들은 달빛과 바람의 조건이 맞아 떨어진다면, 작은 연못, 빗물이 고인 웅덩이, 심지어 찻잔 등에서도 당신의 강한 환상에 의해 'Opertus Lunula Umbra'를 발견할 수 있다고 U.R.A.M은 주장한다.

19 http://www.uram.net/kor_new/intro_kr.html

20 「Sky A&C Atelier Story: 최우람 편」, 2016.12.

21 『POWER HOUSE』, 갤러리현대, 2010.

22 반이정, 『한국 동시대 미술』, 미메시스, 2017.

23 최지아, 『스틸 라이프 최우람』, 대구미술관, 2017, p. 12.

24 http://www.uram.net/kor_new/intro_kr.html

25 https://terms.naver.com/entry.naver?docId=2275194&cid=42219&categoryId=51138

26 김용택, 『심심한 날의 오후 다섯 시』.

27 「최우람, 램프샵 프로젝트」, 갤러리현대, 2013.

28 「Sky A&C Atelier Story: 최우람 편」, 2016.12.

29 이문정, 「더갤러리(69) 최우람 작가, 生과 死 품은 꽃잎으로 코로나 시대에 헌화하다」, 2021.

30 이문정, 「더갤러리(69) 최우람 작가, 生과 死 품은 꽃잎으로 코로나 시대에 헌화하다」, 2021.

31 이문정, 『CNB저널, 문화경제, 최우람 작가와의 인터뷰』.

32 이문정, 『CNB저널, 문화경제, 최우람 작가와의 인터뷰』.

33 이문정, 『CNB저널, 문화경제, 최우람 작가와의 인터뷰』.

34 이문정, 「더갤러리(69) 최우람 작가, 生과 死 품은 꽃잎으로 코로나 시대에 헌화하다」, 2021.

35 이문정, 『CNB저널, 문화경제, 최우람 작가와의 인터뷰』.

36 2021 포항스틸 아트페스티벌 10주년 기념, 최우람 작가와의 대화, 포항문화재단.

37 2021 포항스틸 아트페스티벌 10주년 기념, 최우람 작가와의 대화, 포항문화재단.

38 "先生遊南鎭 一友指巖中花樹問曰 天下無心 外之物 如此花樹 在深山中自開自落 於我心亦何相關? 先生曰 你未看此花時 此花與汝心同歸於寂 你來看此花時 則此花顏色一時明白起來 便知此花不在你的心外". 王陽明, 『王陽明全集·傳習錄下』.

39 김이순, 「한국 근현대미술에서 '조각' 개념과 그 전개」, 『한국근현대미술사학』, 제22집, 2011, p. 44.

40 조광제 외, 『예술, 인문학과 통하다』, 웅진지식하우스, 2008.

41 최승훈, 『스틸 라이프 최우람』, 대구미술관, 2017, p .8.

42 아티스트 인터뷰 최우람, 현대미술소장품 특별전 작가 인터뷰, 아모레퍼시픽미술관, 2021.

43 이문정, 『CNB저널, 문화경제, 최우람 작가와의 인터뷰』.

강미정, 장현경, 『한국미디어아트의 흐름』, 북코리아, 2020.

곽희, 신영주 역, 『임천고치』, 문자향, 2003.

괴테, 장회창 역, 『색채론』, 민음사, 2004.

기혜경, 「하루, 영겁의 시간」, 『지독한 풍경, 유근택 그림을 말하다』, 북노마드, 2013.

김기수, 「제도비판의 담론과 실천, 이완의 회화 시리즈와 박상우의 모노크롬 사진」, 『미학예술연구』, 53집, 2018.

김대희, 「복잡·다양한 패턴으로 상상·이야기 건네」, 『CNB저널』, 2011.

김대희, 「커버아티스트 박종걸, 엄숙한 산수」, 『CNB저널』, 제322호, 2013.

김영수, 「지속가능성과 포스트모더니즘의 탈구축 관점에서 본 미술가 이완의 작품 연구」, 2017.

김이순, 「한국 근현대미술에서 '조각' 개념과 그 전개」, 『한국근현대미술사학』, 제22집, 2011.

김준기, 「장면과 사건 사이, 일상 너머 일탈의 서사」, 사비나미술관, 2004.

김진엽, 『예술에 대한 일곱 가지 답변의 역사』, 책세상, 2018.

김찬호, 『동양미술 이삭줍기』, 인문과교양, 2021.

김찬호, 「박찬상 작품에서의 현실과 환영의 경계」, 동양예술학회 학술대회, 2021.

김찬호, 『서양미술 이삭줍기』, 인문과교양, 2019.

까뜨린느 츠키니스, 「Korean pavilion」, 2017.

니콜라스 네그로폰테, 백욱인 역, 『being digital』, 커뮤니케이션북스, 1999.

로리 슈나이더 애덤스, 박은영 역, 『미술사방법론』, 서울하우스, 2019.

루쉰, 김이랑 외 역, 『세계명작단편소설: 고향』, 시간과공간사, 1998.

루트비히 판 베토벤, 김주영 역, 『베토벤, 불멸의 편지』, 예담, 2000.

마이클 버드, 김호경 역, 『예술을 뒤바꾼 아이디어 100』, 시드포스트, 2014.

모리스 메를로 퐁티, 김정아 역, 『눈과 마음』, 마음산책, 2008.

미네무라 도시아키, 「언어, 재잘거림, 침묵, 때로는 소음」, 도쿄 Gallery21, 2005.

박보나, 『태도가 작품이 될 때』, 바다출판사, 2019.

박재연, 『미술, 엔진을 달다』, 앨피, 2021.

박정태, 『철학자 들뢰즈, 화가 베이컨을 말하다』, 이학사, 2012.

박찬상, 「한국에서 전업작가로 살아가는 길」, 『한국예술발전을 위한 회고와 전망』, 한국예술
    평론가협의회 2022 춘계심포지엄, 2022.

반이정, 『한국 동시대 미술』, 미메시스, 2017.

빅토르 I 스토이치타, 이윤희 역, 『그림자의 짧은 역사』, 현실문화연구, 2006.

빈센트 반 고흐, 신성림 편, 『반 고흐, 영혼의 편지』, 예담, 2010.

송미숙, 「최우람의 키네틱사이보그/아니마 머신 이야기」, 『오늘의 작가를 말하다 3』, 학고재,
    2011.

송하경, 『삶과 마음의 일필휘지』, 다운샘, 2021.

아서 단토, 이성훈, 김광훈 역, 『예술의 종말 이후』, 미술문화, 2006.

오광수, 「대지 또는 유적, 토카타」, 『유근택』, 2007.

오쇼 라즈니쉬, 나혜모 역, 『틈』, 큰나무, 2004.

오에겐 헤리겔, 정창호 역, 『활쏘기의 선』, 삼우반, 2004.

유근택, 『지독한 풍경, 유근택 그림을 말하다』, 북노마드, 2013.

이냐시오 카브레로, 「Korean pavilion」, 2017.

이대형, 「가족이란 메타포로 균형이 깨진 세계를 바라보다」, 『월간미술세계』, vol. 390,

2018.

이명옥, 「유근택전을 열며」, 『유근택, 시간의 피부』, 사비나미술관, 2021.

이문정, 「더갤러리(69) 최우람 작가, 生과 死 품은 꽃잎으로 코로나 시대에 헌화하다」,
    2021.

이우환, 김춘미 역, 『여백의 예술』, 현대문학, 2008.

이은영, 「Artist Interview: 유근택 작가」, 『서울문화투데이』, 2021.

이태호, 『미술, 세상을 바꾸다』, 미술문화, 2015.

이택후, 유강기, 『중국미학사』, 대한교과서, 1991.

장 루이 푸아트뱅, 「희망을 그리다」, 『박찬상개인전』, 北京國粹美術館, 2016.

장석용, 「미래의 한류스타, 박찬상(한국화가)」.

장석주, 『느림과 비움의 미학』, 푸르메, 2010.

장파, 신정근 외 역, 『중국미학사』, 성균관대학교출판부, 2019.

재런 러니어, 노승영 역, 『가상 현실의 탄생』, 열린책들, 2018.

전영백 편, 『22명의 예술가, 시대와 소통하다』, 궁리, 2010.

정연심, 『한국 동시대미술을 말하다』, 에이앤씨, 2016.

조광제, 『회화의 눈, 존재의 눈』, 이학사, 2016.

조광제, 김시천 편, 『예술, 인문학과 통하다』, 웅진지식하우스, 2008.

조르주 장, 김형진 역, 『기호와 언어』, 시공사, 1999.

조민환, 『동양예술산책』, 성균관대학교출판부, 2018.

주양지, 서진희 역, 『인문정신으로 동양예술을 탐하다』, 알마, 2014.

철학아카데미, 『기호와 철학 그리고 예술』, 소명출판, 2002.

철학아카데미, 『철학, 예술을 읽다』, 동녘, 2006.

최병식, 『수묵의 사상과 역사』, 동문선, 2008.

최승훈, 『스틸 라이프 최우람』, 대구미술관, 2017.

최지아, 『스틸 라이프 최우람』, 대구미술관, 2017.

카렐 차페크, 김희숙 역, 『로봇』, 모비딕, 2015.

클로드 레비스트로스, 고봉만, 유재화 역, 『보다 듣다 읽다』, 이매진, 2005.

투이아비, 최시림 역, 『빠빠라기: 처음으로 문명을 본 사모아의 추장 투이아비 연설집』, 정신세계사, 1990.

피종호, 『해체미학』, 뿌리와이파리, 2005.

한명식, 『예술을 읽는 9가지 시선』, 청아출판사, 2011.

헹크만, 로터, 김진수 역, 『미학사전』, 예경, 1999.

W. 타타르키비츠, 손효주 역, 『미학의 기본 개념사』, 미술문화, 2014.

「박종걸, 21세기의 진경산수화」, 한국미술응원프로젝트협회(KAUP), 2021.

「Sky A&C Atelier Story: 최우람 편」, 2016.

「최우람, 램프샵 프로젝트」, 갤러리현대, 2013.

「COUNTER BALANCE」, 『2017 베니스비엔날레 한국관』, 2017.

「MMCA 작가와의 대화: 유근택 작가」, 국립현대미술관, 2021.

「POWER HOUSE」, 갤러리현대, 2010.